Interculturalidad y escuela

Dados Internacionais de Catalogação na Publicação (CIP)
(Câmara Brasileira do Livro, SP, Brasil)

Interculturalidad y escuela : perspectivas
pedagógicas en la construcción comunitária de la escuela
intercultural / Juan José Leiva Olivencia y Raquel Borrero López,
(coords.). -- São Paulo : Cortez, 2016.

Vários autores. Bibliografia.
ISBN 978-85-249-2646-4

1. Educação - Finalidades e objetivos
2. Educação intercultural 3. Integração escolar
4. Pedagogia 5. Professores - Formação profissional
I. Leiva Olivencia, Juan José. II. Borrero López, Raquel.

16-04765   CDD-370

Índices para catálogo sistemático:

1. Educação intercultural : Proposta pedagógica : Educação   370

Juan José Leiva Olivencia y
Raquel Borrero López (coords.)

Interculturalidad y escuela

Perspectivas pedagógicas
en la construcción comunitaria
de la escuela intercultural

Título: *Interculturalidad y escuela. Perspectivas pedagógicas en la construcción comunitaria de la escuela intercultural*

Autores: Raquel Borrero López; Andres Escarbajal Frutos; Juan José Leiva Olivencia; Mar Lorenzo Moledo; Encarnación Pedrero García; Alicia Peñalva Vélez; Miguel A. Santos Rego; Encarna Soriano Ayala; Rocío Yuste Tosina

Direitos de impressão no Brasil — Cortez Editora

Rua Monte Alegre, 1074 – Perdizes 05014-001 – São Paulo – SP Tels.: (55 11)3864-0111 / 3611-9616
cortez@cortezeditora.com.br
www.cortezeditora.com.br

Nenhuma parte desta obra pode ser reproduzida ou duplicada sem autorização expressa dos autores e do editor.

© Juan José Leiva Olivencia y Raquel Borrero López

© De esta edición:
Ediciones OCTAEDRO S.L.
C/ Bailén, 5 – 08010 Barcelona
Tel.: 93 246 40 02 – Fax: 93 231 18 68
www.octaedro.com –
octaedro@octaedro.com

Edição original
ISBN: 978-84-9921-530-2011 (Octaedro)

Diseño y producción: Servicios Gráficos Octaedro

Impresso no Brasil — agosto de 2016

Sumario

Prólogo 7

1. La situación de la convivencia escolar en España: análisis del estudio estatal sobre convivencia escolar en la Educación Secundaria Obligatoria 13

2. Principios pedagógicos de la educación para la convivencia intercultural 41

3. La educación familiar ante los flujos migratorios: complejidad y gestión del cambio 67

4. La resolución de conflictos en contextos multiculturales a través de la mediación 97

5. La formación del profesorado para una escuela intercultural 123

6. *Digiculturalidad.com.* Interculturalidad y TIC unidas en el desarrollo del enfoque competencial del currículum 145

Prólogo

> El gran desafío del presente es formar a nuestros profesores para ofrecer una educación de calidad a través de la diversidad social, cultural y lingüística.
>
> José Manuel Esteve Zarazaga,
> *La tercera revolución educativa*, 2003.

Vivimos en un mundo educativo complejo donde la diversidad cultural está emergiendo como un factor fundamental de análisis pedagógico para mejorar la convivencia escolar. Y es que educar para y en la diversidad cultural supone una actitud de valoración positiva hacia la comunicación e interacción entre culturas, y hacia la comprensión de lo diverso como un factor de aprendizaje positivo y necesario en las actuales organizaciones escolares. Así pues, educar en la diversidad cultural nos debe llevar a comprender la necesidad de ir construyendo convivencia intercultural, entendiendo que la interculturalidad es una propuesta de acción pedagógica de carácter inclusivo que atiende a esa necesidad, la de responder a formar en el respeto de la diversidad cultural a todos los niños, jóvenes y mayores en una sociedad cada vez más heterogénea y plural como es la sociedad española.

La educación intercultural nutre e impregna los principios de una educación inclusiva donde el referente pedagógico por excelencia es la vivencia y convivencia de la diferencia cultural y social como factor de enriquecimiento educativo. Aprovechar educativamente la diversidad cultural pasa por reconocer que lo común es la diversidad y la diversidad debe ser, desde la perspectiva pedagógica, lo común en los diseños y propuestas de intervención educativa que se consideren, ya no solo oportunos y adecuados, sino imprescindibles en una sociedad democrática como la nuestra. Una sociedad que afronta el trascendental reto de dar respuesta educativa a la diversidad cultural, y sobre todo, que necesita de propuestas pedagógicas que hagan posible la premisa básica de aprender a convivir y a vivir juntos. Verdaderamente nuestras escuelas están afrontando el reto de la convivencia intercultural, y no hay lugar a dudas cuando afirmamos que las aulas y escuelas de nuestro país han pasado en poco tiempo de ser espacios monoculturales a multiculturales y con la intención de aspirar a construir de manera cooperativa una educación intercultural que ahonde en la inclusividad escolar.

Los sistemas educativos deben asegurar unas bases sólidas y coherentes para la igualdad de oportunidades en la escuela, el trabajo y la sociedad atendiendo a la diversidad de géneros, etnias y culturas a partir de un reconocimiento activo entre iguales basado en el respeto a la diversidad. Así pues, la educación intercultural, entendida como actitud pedagógica que favorece la interacción entre las diferentes culturas, se convierte en la mejor forma de prevenir el racismo y la xenofobia así como de promover una convivencia basada en el respeto a la diferencia cultural. Decir esto no significa, sin embargo, que obviemos los conflictos que pueden acontecer en los contextos en los que la diversidad cultural tiene una mayor presencia. No obstante, defendemos la idea de que los conflictos denominados «interculturales» tienen un menor peso en la realidad escolar de lo que los medios de comunicación pretenden transmitir o, incluso, de las ideas preconcebidas que en un momento dado podemos tener. Es más, son muchos los docentes que consideran que los conflictos escolares tienen una vertiente más social que cultural y que se desarrollan en contextos educativos caracterizados por una significativa diversidad cultural hunden sus raíces en problemáticas sociales y familiares más que en cuestiones culturales o de identidad.

En cualquier caso, cabe señalar que el nuevo marco normativo que establece la Ley Orgánica 2/2006 de Educación (LOE) del 3 de mayo define a la escuela pública como «un espacio de convivencia y aprendizaje que ofrece un servicio que garantiza el derecho a la educación de todos los ciudadanos y ciudadanas y que atiende a la diversidad cultural como un elemento educativo de primer orden». La LOE, en sus fines y principios, opta por un modelo de persona y de sociedad que se fundamenta en un conjunto de valores –justicia, tolerancia, libertad, paz, cooperación, solidaridad, no discriminación, etcétera– y de principios democráticos de convivencia como el pluralismo, la participación y el respeto. Así, podemos compartir la idea de que nos encontramos ante un marco normativo favorecedor para el desarrollo práctico de la educación intercultural en la escuela no solo porque implica el respeto y aprovechamiento de la diversidad cultural, sino porque además posibilita el establecimiento de una cultura de la diversidad en la escuela que signifique ir más allá de la interculturalidad en términos de conocimiento cultural. Es decir, la educación intercultural es la propuesta educativa inclusiva que favorece el conocimiento y el intercambio cultural así como la valoración positiva de la diversidad cultural en términos de convivencia, innovación curricular y fomento de la participación comunitaria en una escuela inclusiva; una escuela para todas y todos donde alumnado, profesorado, familias y agentes sociales conformen una comunidad educativa abierta.

La interculturalidad en la escuela es un paso educativo de relevancia social en la medida en que se considera que ayuda y favorece la constitución de una cultura de la diversidad que va más allá de aceptar sin más la diversidad cultural en una escuela, un barrio o una ciudad. Estamos haciendo referencia a que la educación intercultural es un vehículo de apertura y de fomento de la formación para la participación de todos los miembros de la comunidad educativa (Banks, 2008). Esto supone que cualquier acción o medida educativa denominada «intercultural» y concebida en el contexto escolar puede tener, y tiene, la potencialidad de influir y generar procesos educativos de carácter comunitario. Es decir, la educación intercultural en la escuela es el primer paso de intervenciones educativas interculturales que no deben restringirse al ámbito puramente académico, aunque, como es lógico pensar, es obvio que la escuela es un escenario privilegiado para el desarrollo práctico de la interculturalidad. Es más, la institución escolar se convierte así en un lugar fundamental de formación para la convivencia intercultural por servir de contexto ideal en el cual alumnos y adultos (profesorado y familias) concretan y se ejercitan en los valores democráticos y de la diversidad. Desde este enfoque, la escuela intercultural es inclusiva y viceversa, ya que debe ser una institución donde hombres y mujeres aprendan valores y actitudes que aseguren una convivencia en la diversidad personal y cultural libre, pacífica, respetuosa y no discriminatoria.

Este libro, titulado *Interculturalidad y escuela. Perspectivas pedagógicas en la construcción comunitaria de una escuela intercultural*, viene a profundizar en las diferentes dimensiones que entran en juego cuando lo que se trata es de analizar reflexiva y críticamente la convivencia escolar. Además, nuestra intención es aportar *miradas* que contribuyan a crear y a enriquecer nuevas miradas por parte del lector/a. Efectivamente, una buena convivencia exige atender los aspectos cognitivos y emocionales que surgen en las propias relaciones de reciprocidad que se dan entre los distintos agentes educativos del escenario escolar. No solo eso, es necesario ahondar en las miradas institucionales, profesionales, familiares, sociales y culturales que están detrás de la construcción emergente de un constructo tan complejo y rico como es el de la interculturalidad y la convivencia intercultural. Partimos de la idea fundamental de que para profundizar desde el ámbito educativo y lograr así una auténtica convivencia intercultural, es necesario asumir y cultivar el deseo de cooperar y compartir con los «otros» la propia vida, no solo escolar, sino también social y comunitaria poniendo en común aquello que nos une y conociendo, respetando y aceptando lo que nos pueda diferenciar. En este sentido, la diferencia cultural –y social– no puede servir de justificación para no mejorar la convivencia en las *escuelas de la diversidad*, más bien al contrario, debe ser el pilar fundamental para ahondar en las motivaciones e intereses comunes en pos de ese deseo compartido de preparar y formar a una nueva ciudadanía intercultural que viva con naturalidad la vivencia de la pluralidad y la diversidad cultural.

Todas estas grandes cuestiones son abordadas con la máxima rigurosidad y coherencia por autores de gran experiencia y proyección pedagógica en el ámbito de la educación intercultural y la convivencia escolar de nuestro país como son Miguel A. Santos Rego, Encarna Soriano Ayala, Mar Lorenzo, Encarnación Pedrero, Raquel Borrero, Rocío Yuste, Andrés Escarbajal, Alicia Peñalva y quien escribe estas palabras, Juan José Leiva Olivencia. Todos hemos intentado reflejar diferentes miradas sobre la convivencia escolar y la diversidad cultural porque somos conscientes de que las problemáticas educativas actuales son francamente complejas y globales y de que las respuestas pedagógicas deben comenzar desde un análisis diverso y crítico de las diferentes dimensiones y agentes implicados en la generación de propuestas educativas inclusivas e interculturales. La escuela de hoy, la escuela del siglo XXI, tiene fundamentalmente el reto de la convivencia intercultural como una de sus metas más ineludibles. Las escuelas han cambiado y los profesores deben cambiar también para ajustarse permanentemente a las nuevas demandas sociales que tienen su repercusión más inmediata en los centros escolares. Este es un aspecto clave de nuestro análisis general del estado de la formación intercultural del docente y, desde nuestro punto de vista, es fundamental defender la necesidad de promover una formación docente reflexiva y activa en educación intercultural que contemple de manera holística los diferentes ámbitos de aprendizaje intercultural. En el contexto de una sociedad de acogida que expresa públicamente la necesidad de promover la diversidad cultural como un valor y como una pauta fundamental de inclusión social, consideramos que el avance intercultural se verá activado y reconocido como un impulso a la concepción plural de las relaciones socioeducativas estableciendo la cultura de la diversidad como camino de enriquecimiento y mejora de la convivencia educativa. Entendemos, por tanto, que la cultura de la diversidad en el aula es *un puente de convivencia*, y, si es aceptada, la convivencia se produce de manera positiva. Es como un deseo de compartir juntos proyectos e ilusiones, una perspectiva que va más allá de relativismos y dogmatismos pedagógicos, una opción de libertad e igualdad en educación. Ahora bien, tender puentes de convivencia es un acto de confianza porque aceptamos el convivir con el otro aceptando sus diferencias personales, sociales y culturales. La confianza es el fundamento de esta convivencia intercultural que necesariamente implica el diseño de proyectos educativos que enseñen a convivir a los más jóvenes en libertad y equidad. De lo que se trata es de convertir nuestras instituciones educativas en espacios de libertad, de respeto, de participación democrática activa, de convivencia y aprendizaje cooperativo; y que esa cultura de la diversidad promueva el acercamiento cultural y el respeto identitario entre todos los miembros de la comunidad educativa. Por ello, en este libro el lector/a encontrará miradas diferentes sobre aspectos educativos que son comunes a todos los miembros de la comunidad educativa: profesorado, familias, alumnado, educadores sociales. De eso se trata precisamente, de ofrecer una diversidad de miradas pedagógicas que permitan el debate sobre la necesidad de innovar y de mejorar los contextos educativos.

En definitiva, este libro plantea la necesidad de indagar en todas aquellas claves que permiten reconocer y aceptar la diversidad cultural de la escuela actual y defender la educación intercultural como una propuesta teórica y práctica que, caminando «desde el deseo a la realidad», implique cambios en la escuela tanto curriculares como metodológicos y en la formación del profesorado. Para ello, se analizan factores claves en la construcción comunitaria de la interculturalidad como es el papel del docente en el marco de una escuela inclusiva: sus actitudes y necesidades de formación intercultural, la participación de la comunidad educativa, la formación del profesorado en competencias interculturales, los programas educativos de promoción de la paz y la interculturalidad, la educación familiar ante los flujos migratorios, la mediación intercultural como estrategia de gestión y regulación de conflictos interculturales, el desarrollo de las competencias *digiculturales*, vinculando la interculturalidad y las TIC en la construcción de una ciudadanía intercultural. Todo ello desde una visión reflexiva y crítica avalada por datos y estudios recientes de investigación en educación intercultural desarrollados por profesores de diferentes universidades de nuestro país. En este punto, esperamos que el presente libro sirva a un amplio público interesado en estos temas educativos, especialmente, a estudiantes universitarios de los grados de Pedagogía, Educación Social, Educación Primaria y Educación Infantil; así como para el profesorado de los distintos niveles educativos en activo, orientadores y personas preocupadas por la convivencia escolar, la diversidad cultural y la interculturalidad desde un punto de vista pedagógico.

DR. JUAN JOSÉ LEIVA OLIVENCIA
Profesor de Didáctica y Organización Escolar
de la Universidad de Málaga

1. La situación de la convivencia escolar en España: análisis del estudio estatal sobre convivencia escolar en la Educación Secundaria Obligatoria

Encarnación Pedrero García.
Universidad Pablo de Olavide

1.1 Introducción

En los últimos años, y tras la entrada en el nuevo siglo, han empezado a plantearse cambios en los sistemas educativos imponiéndose nuevos retos y objetivos. Uno de estos objetivos educativos, constituido además como uno de los principales retos en el sistema educativo español, es la necesidad de aprender a convivir, de enseñar a vivir juntos y aprender con los demás.

Ya se planteaba esta cuestión en el informe a la Unesco de la Comisión Internacional sobre la Educación para el siglo XXI, donde se incluía la ampliación de los objetivos educativos más allá del estricto campo del conocimiento y, más concretamente, se señalaba la necesidad de que el alumnado aprendiese en la escuela a convivir, a conocer mejor a los demás y a realizar proyectos comunes donde se planteen soluciones pacíficas e inteligentes o innovadoras a los conflictos. Son muchas las razones que hacen que este aprendizaje se considere no solo valioso en sí mismo, sino imprescindible para la construcción de una sociedad más democrática, solidaria, cohesionada y, por lo tanto, más pacífica.

Este mismo interés es compartido por gran parte de la sociedad española, tal y como recogía el Barómetro del CIS en el mes de julio de 2005. Por encima incluso de la formación y conocimientos necesarios para obtener un buen empleo, una gran parte de los encuestados valoraba como una de las cualidades más importantes la adquisición, a lo largo de la escolaridad obligatoria, de la educación necesaria para convertirse en buen ciudadano, es decir, del aprendizaje necesario para ejercer derechos y deberes respetando a los demás.

Encontramos que una de las percepciones más extendidas, y que ha quedado recogida en numerosas consultas al profesorado, hace referencia al progresivo incremento de los problemas de convivencia en los centros educativos y, de forma especial, en los de Educación Secundaria. Aunque las situaciones de indisciplina o de acoso entre escolares han existido siempre, parecen haber cobrado una mayor relevancia en la última década.

Por una parte, han aumentado los problemas y dificultades para poder impartir las clases y llevar a cabo el proceso de enseñanza, lo que en términos generales se conoce como *disrupción* en el aula, un fenómeno que incide directamente en el profesorado, en su motivación, en el clima del aula y en las relaciones con sus alumnos. Por otra parte, han ido apareciendo conductas de agresión entre compañeros que adoptan formas muy diversas, desde la agresión física directa hasta la psicológica más sutil, llamando la atención por su gravedad los casos que se conocen con el nombre de matonismo o *bullying*.

En los últimos años, y a medida que se ha ido teniendo más información sobre estos fenómenos, se han ido planteando diferentes respuestas tanto desde el propio profesorado como desde el ámbito de las administraciones u otros organismos, como indica el Plan para la promoción y la mejora de la convivencia escolar, del año 2006. Sabemos que, en primer lugar, se ha procurado indagar en estas situaciones para tener un conocimiento más exacto, realista y profundo de las mismas: el estudio realizado en el año 2000 por la Oficina del Defensor del Pueblo o los estudios llevados a cabo en distintas comunidades autónomas (Andalucía, Galicia, Navarra, Madrid, Valencia o Baleares, entre otras) son ejemplos claros de este tipo de actuación. En estos trabajos, no solo se ha valorado el alcance real de los problemas que atentan contra la convivencia, sino que también se han estudiado las causas y factores que los producen.

A su vez, desde las distintas comunidades autónomas se han desarrollado diversas actuaciones que pretenden dar respuesta a estas situaciones. Algunas de ellas han establecido programas específicos de fomento de la convivencia, como por ejemplo, los programas

«Convivir es vivir», de la Comunidad de Madrid, o el proyecto «Andalucía anti-violencia escolar» (ANDAVE). Otras comunidades han puesto en marcha actuaciones de carácter más puntual encaminadas a la prevención o tratamiento de problemas concretos o situaciones especiales que han tenido lugar en su territorio. Algunas, por último, han incluido la elaboración de un plan de convivencia específico dentro del proyecto educativo del centro, aspecto que está recogido en el proyecto de Ley Orgánica de Educación (LOE). A ello habría que añadir numerosas iniciativas llevadas a cabo por profesorado en los centros educativos, muchas veces poco conocidas, y que constituyen una fuente muy rica de experiencias y enseñanzas para todos.

Cualesquiera que sean los tipos de actuaciones que se lleven a cabo, parece haber cierto acuerdo acerca de la complejidad que encierra la convivencia escolar, así como la presencia de múltiples factores que contribuyen a explicar los principales problemas que encierra. Dicho de otro modo, en este caso es conveniente huir de explicaciones simples que, lejos de solucionar el problema, podrían contribuir a agravarlo.

Entre los factores que se han apuntado como responsables del deterioro de la convivencia, dentro del Plan para la promoción y mejora de la convivencia escolar, encontramos un primer grupo de carácter social, problemas provocados por ciertas características de la sociedad actual (permisividad en los modelos educativos, cambios en los roles y el papel de la familia, así como los modelos sociales emitidos en los medios de comunicación, etcétera) y por las diferencias interculturales o los derivados de situaciones de exclusión o marginación. Otro grupo de factores serían de carácter psicológico, que harían referencia al efecto de características como la impulsividad, la falta de tolerancia a la frustración, las relaciones negativas con los adultos o las escasas habilidades sociales. Más allá de unos y otros hay también una serie de factores propiamente educativos que no pueden dejarse de lado, como son el tipo de enseñanza y de currículum propuesto, las metodologías utilizadas, los resultados académicos de los alumnos, la organización de los propios centros, el tipo de relaciones y el nivel de participación entre los alumnos, profesores y familias. La complejidad y variedad de estos factores hace difícil encontrar siempre la respuesta educativa más adecuada a estos problemas.

1.2 Plan para la promoción y mejora de la convivencia escolar

Convencido de la importancia de la buena convivencia en los centros, no solo para la mejora de la calidad de la educación impartida en los centros, sino también para impulsar la formación integral de los alumnos como buenos ciudadanos y favorecer su transición desde los centros docentes a la formación superior y la vida laboral, el Ministerio de Educación y Ciencia desarrolla en marzo de 2006 un plan de actuación para la promoción y mejora de la convivencia escolar que pretende promover y desarrollar la convivencia desde el ámbito educativo teniendo en cuenta el reparto competencial existente.

Este plan quiere buscar sinergias con las actuaciones que están llevando a cabo las comunidades autónomas y que, a su vez, tratan de potenciar dichas actuaciones desde el máximo respeto a las competencias respectivas. Por este motivo, su desarrollo debe basarse en un diálogo constante entre las propias comunidades buscando el máximo acuerdo y consenso entre ellos. Solo desde este espíritu de colaboración y cooperación entre las administraciones, conscientes de que el objetivo de todas es el servicio a la ciudadanía, será posible dar respuesta a las nuevas situaciones y, en definitiva, promover y desarrollar la convivencia desde el ámbito educativo.

A su vez, un programa de estas características no puede hacerse sin contar con la implicación de sus principales destinatarios: los profesores, los alumnos y sus familias. Por este motivo se proponen actuaciones expresamente dirigidas hacia estos colectivos, en particular de formación para los primeros y de orientación para los alumnos y sus familias; pues estamos convencidos de que su participación y colaboración resulta imprescindible para encontrar solución a los problemas de convivencia y lograr así una verdadera promoción de la misma.

Entre los objetivos que se pretende potenciar dentro de este Plan de actuación para la promoción y mejora de la convivencia escolar encontramos los siguientes:

• Impulsar la investigación sobre los problemas de convivencia en los centros educativos a través de un conocimiento más riguroso de sus manifestaciones y de los factores que inciden en su desarrollo.
• Fomentar la mejora de la convivencia en los centros educativos colaborando con las comunidades autónomas desde el respeto al marco competencial.

- Facilitar el intercambio de experiencias y el aprovechamiento de materiales y recursos utilizados por grupos de profesores, las propias comunidades autónomas y otras instituciones para abrir un foro de encuentro y de debate sobre la convivencia y las formas de promocionarla y desarrollarla.
- Proporcionar orientaciones, estrategias y material para la puesta en práctica de la educación en la convivencia y el desarrollo de habilidades sociales que faciliten la transición de los alumnos a la vida adulta y su incorporación a una formación superior o al mercado de trabajo, de manera que puedan ser utilizadas por las distintas comunidades autónomas, los centros o el profesorado.

1.2.1 Actuaciones

Las actuaciones que se llevarían a cabo son las siguientes:

- Para impulsar la investigación y la mejora de la convivencia:

  - Creación del Observatorio Estatal de la Convivencia Escolar y de Prevención de los Conflictos Escolares.
  - Revisión de la legislación básica en el seno de la Conferencia Sectorial de Educación.
  - Intercambio y difusión en el marco de la Conferencia Sectorial de Educación de las medidas y decisiones que están adoptando las diversas comunidades autónomas frente a los problemas de convivencia.
  - Incorporación de los temas de convivencia a los programas de formación inicial del profesorado.
  - Programas de control de asistencia e información a las familias.

- Para facilitar el intercambio de experiencias:

  - Creación de una página web sobre convivencia.
  - Convocatoria de ayudas y premios para proyectos de fomento de la convivencia en colaboración con las comunidades autónomas.
  - Celebración de un congreso sobre temas de convivencia escolar de carácter anual y participación internacional.

- Para proporcionar estrategias, orientaciones y materiales:

  - Elaboración de guías de «buenas prácticas» y materiales de apoyo.
  - Curso de formación de responsables en temas de convivencia.
  - Desarrollo de planes de convivencia en todos los centros.

- Acuerdos con otras organizaciones e instituciones para el desarrollo y puesta en marcha del Plan de convivencia:

  - Con los sindicatos representativos del profesorado.
  - Con las asociaciones de padres y madres.
  - Con las organizaciones representativas de los alumnos/as.
  - Con la Federación Española de Municipios y Provincias.
  - Con otras instituciones (Sanidad, Interior, Defensor del Menor, etc.).

1.3 Observatorio Estatal de la Convivencia Escolar y la Prevención de los Conflictos

El Observatorio Estatal de la Convivencia Escolar se crea mediante Real Decreto 275/2007 de 23 de febrero en el año 2007 como órgano colegiado de la Administración General del Estado. El Observatorio es un organismo de ámbito estatal que se encarga de recabar cuanta información pueda de las instituciones implicadas en la mejora de la convivencia escolar, tanto públicas como privadas, con el doble fin de analizar la magnitud y la evolución del fenómeno de la violencia escolar y de asesorar y proponer medidas para corregir las disfunciones observadas, fomentando las actuaciones que permitan mejorar el clima escolar y la convivencia en los centros educativos.

Como ya hemos indicado, uno de los objetivos del Observatorio es el de contribuir a la mejora de la convivencia en los centros educativos. Entre sus funciones destaca el disponer de información actualizada que permita conocer la evolución y la situación de los centros así como proponer estrategias, actuaciones y medidas para prevenir y corregir situaciones contrarias a la convivencia.

1.3.1 Funciones

Las funciones del Observatorio son:

- Actuar como órgano de recogida, análisis y difusión de información periódica, homogénea y sistematizada relativa a los conflictos de convivencia en los centros escolares. A tal efecto, se creará una base de datos de referencia y se normalizará un sistema de indicadores mediante el establecimiento de criterios de coordinación que homogeneíc en la recogida y difusión de datos.
- Formular recomendaciones y propuestas que mejoren los indicadores y la recogida sistemática de información relativa a la violencia escolar.
- Recabar información sobre medidas y actuaciones puestas en marcha por las administraciones educativas así como por otras administraciones y entidades privadas para prevenir, detectar y erradicar la violencia en los centros educativos.
- Colaborar institucionalmente en materia de violencia escolar, así como promover la colaboración entre todas las instituciones implicadas.
- Realizar propuestas de actuación tendentes a mejorar la convivencia en los centros educativos.
- Elaborar, difundir y remitir al Ministerio de Educación y Ciencia y a las comunidades autónomas un informe anual sobre la evolución de la convivencia en los centros educativos y de la efectividad de las medidas acordadas.

1.3.2 Composición

Estará presidido por el/la Ministro/a de Educación y formaran parte de él: el Ministerio de Defensa, el Ministerio de Interior, el Instituto de la Juventud, la delegación del Gobierno para el Plan Nacional sobre Drogas, el Defensor del Pueblo estatal y autonómico, las comunidades autónomas, la Federación Española de Municipios y Provincias, los sindicatos docentes, los padres y madres y los propios alumnos. Se velará por la paridad entre hombres y mujeres y contará con dos vicepresidencias, una correspondiente al Ministerio de Educación y otra a las comunidades autónomas.

1.3.3 Funcionamiento

El funcionamiento se establece a través del Pleno y de la Comisión permanente. El Pleno podrá acordar la creación de grupos de trabajo previa aprobación de la mayoría de sus miembros.

1.3.4 Publicaciones y estudios del Observatorio Estatal de la Convivencia Escolar. Contexto y procedimiento del estudio estatal

Desde el Observatorio Escolar de la Convivencia Escolar se han realizado en los últimos años una serie de informes y estudios, la mayoría de ellos dirigidos por la catedrática en Psicología de la Educación, María José Díaz-Aguado, y quedan recogidos en la publicación titulada: *Estudio estatal sobre la convivencia escolar en la Educación Secundaria Obligatoria*, editada por el Ministerio de Educación en el año 2010.

El estudio consta de cinco capítulos diferenciados:

- Capítulo I. Desde las perspectivas del alumnado, el profesorado, los departamentos de orientación y los equipos directivos
- Capítulo II. Definición de indicadores
- Capítulo III. Desde la perspectiva de las familias
- Capítulo IV. La convivencia escolar vista por el alumnado desde una perspectiva de género
- Capítulo V. Propuestas educativas

Los diferentes estudios se realizan desde una perspectiva integral de la convivencia que permiten conocer lo que está bien y lo que necesita mejorar de forma que:

- Se evalúen los distintos componentes de la convivencia escolar incluyendo las relaciones entre estudiantes, entre el profesorado y el alumnado, entre profesores y el equipo directivo, y entre las familias y la escuela.
- Se ayude a evaluar los problemas y objetivos que más preocupan a nuestra sociedad, como son el acoso entre iguales, la indisciplina, la vinculación de los estudiantes con la escuela, el comportamiento disruptivo, la situación del profesorado, la colaboración con las

familias, la tolerancia o las condiciones que afectan al riesgo de violencia de género.

El principal **objetivo** de este estudio es obtener un diagnostico global de la situación actual de la convivencia escolar a nivel estatal que pueda ser utilizado de forma periódica para su seguimiento y con el que poder detectar posibles cambios, avances y necesidades. Del objetivo general anteriormente expuesto se desprenden cuatro de carácter más específico relacionados con la perspectiva integral adoptada:

- Definir criterios e indicadores de la convivencia que favorezcan la comparación de los resultados obtenidos en distintos contextos o estudios.
- Ampliar el estudio de indicadores de calidad de forma que incluyan además de los componentes y problemas más estudiados, como el acoso entre escolares, otras situaciones de quiebra de la convivencia, prestando una atención especial al comportamiento disruptivo y a otros problemas en la interacción entre el alumnado y el profesorado.
- Adaptar el estudio de la convivencia y sus problemas a los cambios que se han producido en los últimos años, como los originados por el uso de las nuevas tecnologías.
- Proporcionar instrumentos de evaluación de la convivencia a los centros de fácil aplicación, corrección e interpretación; que puedan ser utilizados para conocer su propia situación, detectar necesidades y evaluar el progreso y la eficacia de medidas destinadas a mejorar la convivencia, sin el coste de tiempo y dinero de los procedimientos tradicionales, coste que hacía prácticamente imposible que los centros pudieran disponer de una evaluación sistemática y repetida de la convivencia en sus múltiples componentes.

Este estudio estatal se ha llevado a cabo desde el grupo de trabajo constituido con este objetivo por la Comisión permanente del Observatorio Estatal de la Convivencia Escolar. A través de este grupo de trabajo se ha coordinado a una extensa red de personas para poder llevar a cabo el proyecto.

Conviene destacar también que los análisis presentados se han realizado sobre un total de 301 centros educativos españoles, 23.100 estudiantes y 6.175 profesores y profesoras. El procedimiento seguido para la realización de este trabajo a través del consenso y cooperación anteriormente descritos y la red que se ha establecido para llevarlo a cabo, deben ser destacados como dos de sus principales aportaciones.

Los **datos extraídos** del estudio son los siguientes

- *Respecto a las actitudes ante la violencia.* Las siete posiciones ante la violencia por las que se pregunta en este estudio pueden agruparse en tres tipos:

  – Intervienen para detener la violencia o creen que deberían hacerlo: el 80,2%.
  – Participan en la violencia: el 6%, incluyendo tanto a los que la lideran como a los que les siguen.
  – Indiferentes ante la violencia: 13,9%.

Como puede observarse en la distribución de la figura 1, el alumnado se posiciona de forma muy mayoritaria en contra de la violencia actuando para detenerla o creyendo que debería hacerlo (80,2%). Es decir, la mayoría del alumnado de Educación Secundaria Obligatoria rechaza la violencia. Sin embargo, un 3,8% de estudiantes ha sufrido a menudo o muchas veces acoso en los dos últimos meses y un 2,4% ha sido acosador.

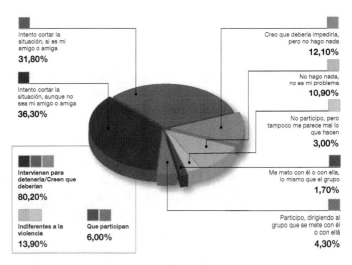

Figura 1. Cómo se posiciona el alumnado ante la violencia. Fuente: *Estudio estatal sobre la convivencia escolar en la Educación Secundaria Obligatoria.* MEC, 2010: 147.

El estudio también señala la conciencia social que se ha generado en torno al problema del acoso escolar. Así, el 54,2% de los alumnos considera que puede contar con sus profesores en caso de acoso y el 54,9% considera que sus profesores previenen esos problemas, como se puede observar en la figura 2. Además, el 84,3% del alumnado afirma haber recibido formación en el centro para mejorar la convivencia y el 47,6% del total encuestado ha recibido formación específica contra el acoso escolar.

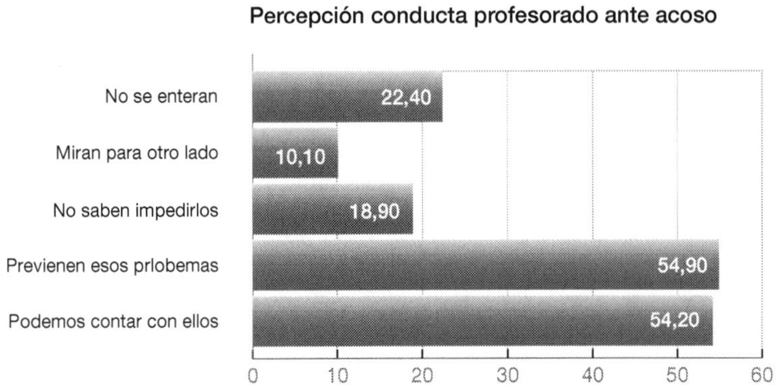

Percepción conducta profesorado ante acoso

Figura 2. Percepción de la conducta del profesorado ante el acoso entre estudiantes. Fuente: *Estudio estatal sobre la convivencia escolar en la Educación Secundaria Obligatoria.* MEC, 2010: 148.

En cuanto a las opiniones del alumnado respecto a qué medidas pueden ser más eficaces para erradicar el acoso, destacan las cuatro siguientes: apoyar toda la clase al estudiante agredido sin dejarle solo (el 67,3% lo considera eficaz), educar en la igualdad y el respeto mutuo para que nadie agreda al que es diferente (el 63,6%); fomentar el trabajo cooperativo, por equipos, para que la clase esté más unida (el 61,3%), y conciliar normas para acabar con la violencia en el centro (el 60,5%).

- *Respecto al clima de convivencia.* El estudio analiza también las manifestaciones de una buena convivencia en un centro educativo como son las buenas relaciones dentro de cada colectivo (estudiantes, profesores, equipos directivos, etcétera), el sentido de pertenencia al centro tanto entre los alumnos como entre el profesorado, los bajos índices en cuanto al síndrome del «profesor quemado», la buena integración escolar de los alumnos, la autoridad del profesorado sobre sus alumnos, la calidad de las relaciones entre docentes y la buena relación con las familias.

- El alumnado se encuentra bastante o muy satisfecho con las relaciones con sus compañeros/as (89,4%).
- El alumnado se encuentra bastante o muy satisfecho con lo que aprende en el centro (85,7%).
- El alumnado se encuentra bastante o muy satisfecho con la relación entre su familia y el centro (83,5%).
- Entre el profesorado, los porcentajes de valoración más positiva son con su propio departamento (91,3%), el papel de los conserjes (86,6%) y el profesorado (85,5%); se mantiene en general una valoración por encima del 70% para el resto de relaciones.

La mayoría del profesorado considera que su trabajo es importante (95,1%), siente orgullo de trabajar en su centro (82,1%), encuentra reconocimiento por su trabajo (75,8%) y se siente un miembro importante del centro (68,6%).

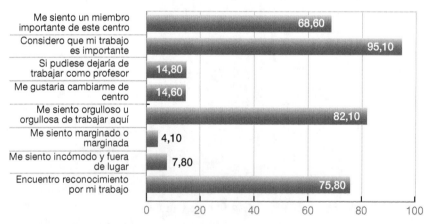

Figura 3. Sentimiento de pertenencia al centro (profesorado). Fuente: *Estudio estatal sobre la convivencia escolar en la Educación Secundaria Obligatoria.* MEC, 2010: 21.

Gran parte de este profesorado se manifiesta muy alejado de los indicadores que definen el síndrome del profesional quemado: el 71,4% expresa que puede crear un clima agradable en su trabajo a menudo o muchas veces, mientras que el 77,9% dice sentirse con disposición a esforzarse en la mejora de la convivencia escolar. El 65,2% siente que está influyendo positivamente en la vida de otras personas a través de su trabajo (figura 4). Respecto a los profesionales que sí se encuentran afectados por el síndrome del profesional quemado, nos encontramos con que un 23,4% siente que su trabajo le está desgastando y un 10,8% se siente emocionalmente defraudado por su trabajo. Solo a un 10,4% le preocupa que ser profesor le esté endureciendo emocionalmente.

Figura 4. Indicadores del profesional quemado o su antítesis. Fuente: *Estudio estatal sobre la convivencia escolar en la Educación Secundaria Obligatoria.* MEC, 2010: 22.

- *Respecto al acoso entre iguales.* El estudio define a la víctima de acoso como alguien al que uno o varios de sus compañeros insultan o ridiculizan, ignoran intencionadamente excluyéndole del grupo, amenazan, empujan o pegan, dicen mentiras y rumores para que caiga mal o se burlan haciéndole daño. Según esta definición, y analizando los datos que se muestran en la figura 5, observamos que:

- Un 84,4% del alumnado encuestado nunca ha sufrido acoso.
- Un 85,1% nunca ha acosado a otros compañeros.
- Un 11,8% se ha sentido acosado a veces.
- Un 2,1% a menudo se ha sentido acosado.
- un 1,7% de los alumnos ha sido acosado «muchas veces» durante los últimos dos meses, como se muestra en la figura 5.

- *Respecto a los que acosan.* Lo hacen a veces un 12,5% de los encuestados, frente al 1,4% que lo hace a menudo y solo un 1% lo ha hecho muchas veces en los últimos dos meses.

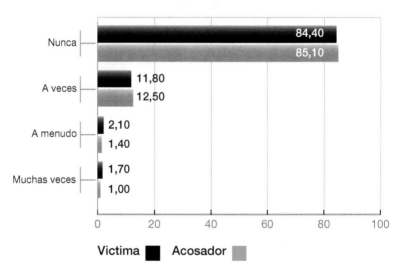

Figura 5. Tanto por ciento de respuesta sobre el papel de víctima/acosador en los últimos dos meses. Fuente: *Elaboración propia a partir de los datos del Estudio estatal sobre la convivencia escolar en la Educación Secundaria Obligatoria.* MEC, 2010.

- *Respecto al ciberbullying.* En los últimos tiempos aparece con frecuencia en los medios de comunicación la utilización de nuevas tecnologías en situaciones de acoso. Con el objeto de poder conocer la extensión y naturaleza de estas nuevas modalidades, se han incluido en este estudio cuatro preguntas específicas (figura 6).

  - Entre el 1,1% y el 0,2% del alumnado dice haber sido «a menudo» o «muchas veces» víctima de grabaciones u otras formas de acoso con nuevas tecnologías; es el conocido ciberbullying.

- Cuando se considera la categoría «a veces», el problema más extendido es la recepción de mensajes amenazadores u ofensivos (6,7%), seguido de las grabaciones en móvil o vídeo (3,4%).

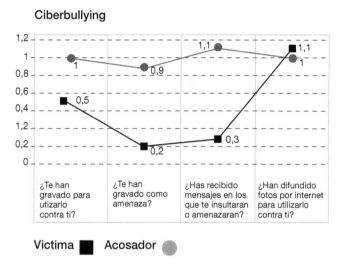

Figura 6. Comparativa entre porcentajes del alumnado víctima y el alumnado acosador en diversas situaciones de acoso a través de las nuevas tecnologías. Fuente: *Estudio estatal sobre la convivencia escolar en la Educación Secundaria Obligatoria.* MEC, 2010.

- *Respecto a molestar en clase.* Una de las conductas más habituales que dificultan la convivencia es la denominada «disrupción» en el aula. Se produce cuando los alumnos dificultan el funcionamiento normal de la clase (por ejemplo, hablando mientras el profesor explica). El 21,6% de los profesores dice padecerlo «a menudo o muchas veces», mientras que solo reconoce participar en dichas situaciones el 4,1% del alumnado. La discrepancia puede atribuirse a la concentración de dicho problema en muy pocos alumnos o a que el alumnado tienda a minimizar las consecuencias que determinados comportamientos pueden tener sobre quienes los sufren, según el estudio.
- *Respecto a los obstáculos a la convivencia.* Cuando se pregunta por los posibles obstáculos a la convivencia:

  - La mayoría del profesorado (85%) señala la falta de disciplina de las familias y la falta de implicación de estas (77,2%).

- Sin embargo, para el 75,6% de los alumnos, las familias acuden a las reuniones que se convocan desde el centro, se interesan por sus trabajos (87,4%) y son respetadas por el centro (85%).
- El 81,6% de los profesores se siente respetado por las familias, si bien el 0,7% del profesorado reconoce haber sufrido «a menudo» o «muchas veces» un trato ofensivo de alguna familia, y el 0,2%, haberlo dado.

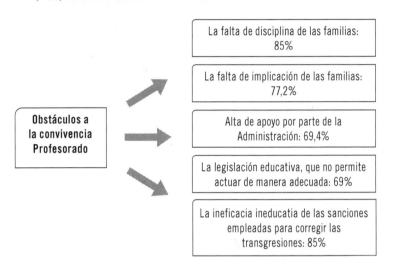

Las **conclusiones y propuestas educativas** extraídas del primer capítulo del estudio –quizás uno de los que puede provocar más interés desde una perspectiva docente– (MEC, 2010: 95-96) son:

- En general, *la convivencia escolar es buena*. Los cuatro colectivos participantes –alumnado, profesorado, departamentos de orientación y equipos directivos– valoran la convivencia escolar de forma mayoritaria como buena o muy buena en casi todas las cuestiones planteadas. Junto a esta positiva conclusión general es preciso considerar las respuestas críticas, generalmente minoritarias, que se obtienen en cada cuestión. La mejora de la convivencia escolar y la erradicación de situaciones de riesgo exigen una respuesta que permita reconocer los logros y buscar soluciones a los problemas detectados.
- *La violencia existente en el resto de la sociedad también se expresa en la escuela*. El hecho de que estos problemas sean muy mino-

ritarios, como se detecta en este estudio, no les resta gravedad ni importancia. Un solo caso de violencia escolar es ya demasiado, exige por tanto «permisividad cero». Algunos de estos casos son la expresión de viejos problemas, más visibles hoy, como el acoso escolar. Otros parecen producirse por la existencia de nuevos riesgos (como los originados por la exposición inadecuada a las nuevas tecnologías o el cambio en el concepto de autoridad) que exigen adaptar la escuela, en colaboración con las familias y con el resto de la sociedad, a una situación nueva. La profundidad y globalidad de estos cambios recuerdan a los que deben producirse para erradicar la violencia de género en el conjunto de la sociedad. Es importante, también, no confundir la violencia escolar con otros problemas bastante más frecuentes, como el comportamiento disruptivo, que también exigen importantes y urgentes medidas para su erradicación.

- *La escuela se ha puesto en marcha para mejorar la convivencia.* Es preciso, sin embargo, incrementar, extender y evaluar las medidas adoptadas de forma que lleguen a todos los centros y a todos los casos con los recursos necesarios, buena coordinación y una evaluación sistemática que permita conocer y generalizar las mejores prácticas detectando siempre los posibles riesgos. Entre las necesidades más urgentes y relevantes, tal como los propios equipos directivos y departamentos de orientación reconocen, pueden destacarse las siguientes:

  - Más recursos humanos con capacidad para trabajar en la mejora de la convivencia.
  - Formación del profesorado sobre cómo mejorar la convivencia.
  - Equipos de mediación y resolución de conflictos a múltiples niveles.
  - Mayor coordinación entre equipos educativos, y especialmente con los departamentos didácticos.
  - Crear equipos de alumnos y alumnas en cada centro para mejorar la convivencia.
  - Desarrollar programas de prevención de la violencia y mejora de la convivencia utilizando procedimientos sistemáticos de evaluación que permitan conocer su eficacia, y utilizar dicha información en el propio desarrollo del programa.

Además de las tres conclusiones generales anteriormente comentadas, el estudio incluye otras muy interesantes sobre la convivencia escolar desde una perspectiva de género (MEC, 2010:367-369). Son:

- *La trayectoria académica.* Las alumnas están sobrerrepresentadas entre quienes no faltan nunca a clase o al centro sin causa justificada; mientras que los alumnos, por el contrario, faltan con más frecuencia. Por otra parte, en los tres indicadores de éxito académico considerados (ausencia de repetición de curso, autovaloración del rendimiento y expectativas de seguir estudiando), las alumnas están en mejor situación académica que los alumnos. Por ejemplo, el 61,9% de las adolescentes espera acabar estudios universitarios, frente a un 51,4% de los adolescentes que así lo afirma.
- *El sexismo y la relación del género con el éxito académico.* ¿Cómo explicar que en los diversos indicadores de éxito escolar las mujeres obtengan resultados mejores que los hombres? Una de las respuestas más frecuentes a esta pregunta destaca la ventaja que para ello pueden suponer los tradicionales valores femeninos (empatía, capacidad para tolerar frustraciones, tendencia a ponerse en el lugar de los demás...) y la imposibilidad de adaptarse a la escuela y, en general, al complejo e incierto mundo actual desde el estereotipo masculino tradicional. Aunque acertada, esta respuesta parece incompleta, pues con los problemas asociados al estereotipo femenino difícilmente podría explicarse el fuerte incremento de las expectativas profesionales y la capacidad para realizarlas que se observa en muchas adolescentes, en las que se refleja un avance en la superación de la dualidad sexista tradicional que, si bien no es total, resulta mucho mayor que la que se observa en ellos. Para explicar estas diferencias conviene tener en cuenta que la presión social para el estereotipo masculino sigue siendo más rígida y coercitiva que para el estereotipo femenino y que las mujeres suelen percibir la superación del sexismo como una ganancia mientras que los hombres tienden a percibirla como una pérdida.
- *La integración social y las relaciones de amistad.* No hay diferencias entre chicos y chicas en el nivel de integración social en la escuela. Respecto al número de amistades en el centro educativo, se observa una mayor proporción de chicos en la categoría que refleja un mayor número (6 o más vínculos) y de chicas en las categorías 2-3 y 4-5. Estos resultados van en la dirección de los obtenidos desde hace décadas en los estudios sobre la amis-

tad, en los que se observa que desde la infancia las amistades de los niños se sitúan en grupos más amplios que las de las niñas. En ambos casos son muy bajos los porcentajes de quienes dicen no tener ningún/a amigo/a (1,2% y 1,3% en chicos y chicas, respectivamente), resultados que reflejan la reducida prevalencia del aislamiento social en la escuela, tanto entre alumnos como entre alumnas.

- *La valoración de la convivencia escolar.* En casi todos los indicadores globales de la calidad de la convivencia, las alumnas valoran la convivencia escolar de forma significativamente más positiva que los alumnos. Solo hay dos excepciones a esta tendencia: la integración social, en la que las diferencias no son significativas, y la participación de la familia, en la que puntúan más los chicos (probablemente, debido al peso que dentro de dicho indicador global tiene la participación en los conflictos, que los chicos viven con mayor frecuencia).

- *La exclusión y la agresión entre estudiantes vividas directamente.* Los resultados van en la dirección de los obtenidos en estudios anteriores que reflejan que en todos los indicadores que hacen referencia a problemas vividos como protagonista (como víctima o agresor), los chicos obtienen puntuaciones más elevadas que las chicas, tanto en las situaciones de victimización como en las de agresión. Los chicos participan en situaciones agresivas o de acoso en mayor medida que las chicas, incluidas las agresiones de tipo psicológico. Las diferencias aumentan considerablemente con la gravedad de la situación por la que se pregunta. Cuando se pregunta a las víctimas por la identidad de los acosadores también se encuentra que estos suelen ser con más frecuencia chicos. Resultados que cabe relacionar con los consejos que cada grupo ha escuchado a los adultos de referencia (más consejos sobre utilización de la violencia en los chicos y más consejos sobre soluciones alternativas en las chicas) y con las diferencias que se detectan en la justificación de la violencia y del dominio de otras personas, más elevada entre los alumnos.

- *Las diferencias de género en la sensibilidad para detectar la confrontación.* Cuando se pide al estudiante que adopte el papel de observador, las alumnas perciben un mayor nivel de confrontación en las relaciones entre estudiantes en el centro que los alumnos. Diferencias que cabe atribuir a una mayor sensibilidad y/o rechazo por parte de ellas a dicha situación, y que conviene tener en cuenta en el momento de interpretar este tipo de indicadores de la convivencia.

- *Los papeles adoptados ante una agresión y la percepción de la conducta del profesorado ante el acoso.* Las alumnas adoptan posturas que reflejan una identificación mucho más clara en contra de la violencia: «Intento cortar la situación aunque no sea mi amigo o amiga»; mientras que los chicos están sobrerrepresentados en las posturas contrarias, de participación en la violencia o de indiferencia hacia dicho problema. Respecto a esto, cabe considerar que a pesar de que el profesorado es el mismo para ambos grupos, se observan diferencias en cómo perciben su conducta ante el acoso, aproximándola a la propia postura ante la violencia: mayor intervención para detenerla por parte del profesorado percibida entre las chicas y mayor pasividad del profesorado ante el acoso percibida entre los chicos.

- *El consumo de drogas.* Los resultados de este estudio van en la dirección de los de investigaciones anteriores, reflejando un consumo más frecuente de las drogas de venta legal a adultos entre las adolescentes, y un consumo más frecuente de cannabis y otras drogas ilegales entre los adolescentes.

- *Las diferencias de género en problemas con el profesorado.* Los chicos reconocen participar en todo tipo de conductas inadecuadas hacia el profesorado (disrupción, falta de respeto, conductas agresivas) en mayor medida que las chicas. También hay diferencias en tres de los indicadores definidos a partir de lo que observan: los chicos perciben más conductas agresivas en la clase y más conductas coercitivas y de intimidación en el profesorado, probablemente porque al participar más en dichas situaciones las perciben en mayor medida.

  No hay diferencias en la «percepción de disrupción y falta de interés por el aprendizaje en el centro». Parece, por tanto, que este importante indicador no se ve afectado por las diferentes sensibilidades o niveles de participación entre chicos y chicas, que pueden detectarlo por igual.

- *La percepción de las condiciones de construcción de la convivencia.* Las valoraciones sobre cómo se construye la convivencia superan la puntuación de cinco, indicando una percepción aceptable por ambos grupos. En casi todos los indicadores, las alumnas valoran un poco mejor dichas condiciones que los alumnos, probablemente debido a que participan más en dichas medidas y a que se identifican más con ellas. El único indicador en el que los alumnos dan una puntuación ligeramente superior es el «esfuerzo e interés por el aprendizaje en el alumnado»; reflejan con ello una percepción más optimista que sus compañeras en la percepción del grupo en el que se incluyen.

- *La reproducción del sexismo y la necesidad de una perspectiva integral para la mejora de la convivencia y la prevención de la violencia.* Los resultados anteriormente expuestos reflejan que tanto cuando se considera la adaptación académica (rendimiento, expectativas de seguir estudiando, falta de absentismo...) como la convivencia (entre estudiantes, con el profesorado, disponibilidad para detener la violencia, tolerancia, colaboración en la construcción de una convivencia de calidad...), se observa que las alumnas están sobrerrepresentadas en los indicadores positivos y los alumnos en los negativos. Estos resultados sobre diferencias de género reflejan la necesidad de plantear los planes de convivencia y los programas de prevención de la violencia desde una perspectiva que tenga en cuenta dichas diferencias de forma que pueda erradicarse el modelo dominio-sumisión que conduce a los obstáculos de convivencia detectados en este estudio, tanto entre los alumnos como entre las alumnas, ayudándoles a sustituirlo por un modelo basado en el respeto mutuo y en la igualdad como expresión cotidiana del respeto a los derechos humanos con el que nuestra sociedad se identifica como modelo general de convivencia.

No queremos concluir este apartado sin mencionar algunas de las propuestas educativas que los autores sintetizan al final del estudio, y que se concretan en 16 propuestas. Estas propuestas educativas vienen a reflejar formas específicas de mejorar la convivencia escolar en nuestro sistema educativo español.

PROPUESTAS EDUCATIVAS
Estudio estatal sobre la convivencia escolar en la ESO (MEC, 2010: 374-380)

- Mejorar la calidad del sistema educativo mejorando la convivencia desde una perspectiva integral.
- Fortalecer la autoridad moral y de referencia del profesorado como objetivo prioritario de las políticas educativas.
- Prevenir el comportamiento disruptivo para fortalecer al profesorado y mejorar la convivencia y el aprendizaje.

- Mejorar la eficacia educativa de las sanciones.
- Disponer de recursos para intervenir también en los casos más difíciles. El papel de los equipos de mediación.
- Evaluar la estructura de relaciones entre estudiantes para prevenir situaciones de riesgo.
- Promover estructuras cooperativas y relaciones basadas en el respeto mutuo para erradicar el acoso.
- La evaluación de la convivencia escolar desde una perspectiva integral como herramienta para la mejora de la convivencia.
- Promover la calidad de las relaciones en el centro como comunidad, el apoyo entre el profesorado y la formación en convivencia como condiciones de protección.
- La prevención como estrategia básica de la construcción de la convivencia.
- La prevención de la exclusión y la violencia.
- Promover una colaboración más estrecha y continuada entre la escuela y las familias.
- Mejorar la convivencia y prevenir la violencia desde una perspectiva de género.
- Incluir las medidas anteriores en la formación del profesorado debe ser destacada como una de las principales herramientas de las políticas educativas.
- Promover las habilidades para una convivencia de calidad en el resto de la comunidad escolar y especialmente en el alumnado y en las familias.
- Difundir los resultados, conclusiones y propuestas del estudio estatal de la convivencia escolar a múltiples niveles, sobre todo entre: los centros educativos, los centros de formación del profesorado, especialmente del profesorado de Secundaria, así como a través de los medios de comunicación.

1.4 Otros observatorios autonómicos: el Observatorio de la Convivencia Escolar en Andalucía

A partir de la creación del Observatorio de la Convivencia Escolar en el ámbito estatal, va surgiendo en las distintas comunidades autónomas la preocupación por adoptar diferentes medidas y actuaciones dirigidas a la promoción de la cultura de paz y a la mejora de la convivencia en el ámbito de los centros educativos. En el caso de la Comunidad Autónoma de Andalucía, estas medidas y actuaciones aparecen expuestas en el Decreto 19/2007 de 23 de enero (Art. 3), donde se refleja la necesidad de impulsar la coordinación y colaboración de las distintas administraciones y entidades públicas, asociaciones, medios de comunicación y otras entidades mediante la creación de un Observatorio sobre la Convivencia Escolar en Andalucía. El consejero de Educación ostentará la presidencia de dicho Observatorio.

En mayo de 2007 quedó constituido este Observatorio contando con la representación y participación de diversos órganos de la administración representantes de todos los sectores de la comunidad educativa, representación sindical y personalidades de reconocido prestigio en el ámbito educativo a nivel nacional e internacional.

Respecto al plan marco del Observatorio destacamos las siguientes líneas prioritarias de actuación:

- *Elaboración y promoción de estudios e investigaciones referidos a la mejora de la convivencia escolar.* Entre las diversas actuaciones destacan la elaboración de un informe anual sobre el estado de la convivencia en los centros educativos.
- *Promoción de actuaciones para la mejora de la convivencia.* Cabe poner de relieve en este apartado la creación de una convocatoria anual de «premios a la convivencia», la creación de un fondo de documentación y publicaciones y la contribución para que se establezcan redes de información entre los centros educativos para compartir experiencias de buenas prácticas.
- *Consolidación y difusión de planes formativos para la comunidad educativa en materia de convivencia escolar.* Resaltar el diseño de planes formativos y asesoramiento en materia de convivencia escolar, estrategias de mediación y resolución de conflictos dirigidos a la comunidad educativa.
- *Establecimiento de relaciones y coordinación con otras administraciones e instituciones nacionales e internacionales.* Colaborar y coordinar actuaciones con organismos regionales, nacionales o internacionales en materia de convivencia escolar: Consejo Escolar de Andalucía, observatorios de otras comunidades autónomas, universidades, organismos e instituciones representativas de la comunidad educativa, organizaciones no gubernamentales dedicadas a la cultura de paz y proyectos de desarrollo.

Para el desarrollo de todas estas medidas, el Observatorio cuenta con la figura de una persona como consejera técnica de convivencia escolar y secretaria del Observatorio que coordinará e impulsará las comisiones de trabajo creadas para llevar a cabo el plan de actuación. Hay que destacar que la metodología de trabajo del observatorio y el funcionamiento de las comisiones se fundamentarán en los principios de participación, interacción y cooperación, interdisciplinariedad y globalización.

La creación de este Observatorio para la Convivencia Escolar en Andalucía constituye una apuesta firme de contribuir a generar una forma de abordar la convivencia escolar basada en el respeto y el diálogo, en la que el tratamiento constructivo del conflicto forme parte del proceso educativo.

1.5 Conclusiones

Consideramos que la educación se puede constituir como uno de los principales instrumentos para la construcción de una cultura de paz ya que posibilita el aprendizaje de la no violencia activa a través del impulso de la tolerancia, la solidaridad, el diálogo y el respeto a los derechos humanos. Así pues, observamos cómo se han ido poniendo en marcha en los últimos años una serie de actuaciones y medidas que proponen abordar la convivencia escolar en toda su amplitud, tanto en la dimensión de mejora y perfeccionamiento, como en la atención a los síntomas o problemas que puedan anunciar su deterioro teniendo en cuenta todas sus implicaciones y posibles causas de orden cultural, sociológico, político y ético; muchas de las cuales exceden al universo educativo tomado en sentido estricto.

El objetivo último o final, sería tratar de convertir los centros educativos en espacios o ámbitos adecuados para el aprendizaje de la convivencia, así como establecer mecanismos para la prevención o modificación de los comportamientos y/o conductas antisociales que puedan manifestarse dentro de ellos. De este modo lograremos hacer realidad una escuela que será portadora y a la vez transmisora de los grandes valores humanos y sociales que fundamentan un modelo de sociedad compartido por ciudadanos y ciudadanas tolerantes, personas solidarias, responsables, críticas y dialogantes. En definitiva, se trata de crear una escuela democrática para una sociedad democrática (Veiga, 2007).

Es por ello que, en este momento y desde el Ministerio de Educación y Ciencia, las organizaciones sindicales, las instituciones autonómicas y locales, así como muchas otras instituciones implicadas y preocupadas por la convivencia están apostando por poner en marcha iniciativas, en un nivel macroestructural, que potencien, entre otras, las actuaciones relacionadas con la convivencia y las estrategias de resolución de conflictos, como pueden ser, por ejemplo, los observatorios autonómicos de la convivencia (en Andalucía a través del Decreto 19/2007). Además, se da otro tipo de planes, en un nivel microestructural, para llevar dicha promoción y mejora de la convivencia al marco escolar, de acuerdo con lo previsto en la Ley Orgánica de Educación LOE (Art.124.1), sobre los planes de convivencia como elementos básicos del proyecto educativo del centro. En este caso estaríamos hablando de los Observatorios Escolares de la Convivencia, planes de actuación que se conciben desde el diálogo, el consenso y la implicación de sus principales destinatarios: el profesorado, el alumnado y las familias.

Bibliografía

Decreto 19/2007, de 23 de enero, por el que se adoptan medidas para la promoción de la cultura de paz y la mejora de la convivencia en los centros educativos sostenidos con fondos públicos. *Boletín Oficial Junta de Andalucía*, 2 de febrero de 2007, núm. 25, pp. 10-23.

Defensor del Pueblo (1999). *Informe sobre violencia escolar: el maltrato entre iguales en la Educación Secundaria Obligatoria*. Madrid. Publicaciones de la Oficina del Defensor del Pueblo.

Díaz-Aguado, M. J. (2006). *Convivencia escolar y prevención de la violencia*. Madrid: Ministerio de Educación y Ciencia, CNICE.

Federación de Enseñanza de CC.OO. (2001). *Los problemas de la convivencia escolar: un enfoque práctico*. Madrid: Publicaciones de la Federación de Enseñanza de CC.OO, n.º 4

Feito, R.; García Gómez, R. J. (coords.) (2007). *Las escuelas democráticas. Redes educativas para la construcción de la ciudadanía. Carpetas Atlántida*. Madrid: Proyecto Atlántida.

Iguaz de Miguel, E. (2005). *Informe sobre la convivencia en los centros educativos*. Granada: Consejo Escolar de Andalucía. Consejería de Educación de la Junta de Andalucía.

Ley 27/2005, de 30 de noviembre, de Fomento de la Educación y la Cultura de Paz. *Boletín Oficial del Estado*, 1 de diciembre de 2005, n.º 287, pp. 39418-39419.

Luengo, F.; Triyano, Y. (coords.) (2007). «Comparaciones entre los observatorios de convivencia entre comunidades autónomas y las normativas que regulan la gestión de la convivencia democrática. Educación cívica». *Cuadernos de Pedagogía*. Servicio de noticias, n.º 368.

Nadal, A.; Vives, M.; Capella, C. (2008). «Los planes de convivencia como documento activo del centro y para el centro». *Revista Electrònica d'Investigació i Innovació Educativa i Socioeducativa*, V. 1, n.º 0, pp. 203-224. Consultado en <http://www.in.uib.cat/pags/volumenes/vol1_num0/nadal_vives_capella/index.html> el 21 de septiembre de 2010.

Observatorio de la Convivencia Escolar (2010). *Estudio Estatal sobre la convivencia escolar en la Educación Secundaria Obligatoria*. Madrid: MEC.

Orden de 25 de julio de 2002 por la que se da publicidad al Plan Andaluz de Educación para la Cultura de Paz y No Violencia. *Boletín Oficial Junta de Andalucía*, de 5 de octubre de 2002, n.º 117, pp. 19.337-19.344.

Orden de 9 de febrero de 2004, por la que se regula la convocatoria de ayudas y el reconocimiento de proyectos escuela: espacio de paz en los centros docentes públicos, con excepción de los universitarios, de acuerdo con el Plan andaluz de educación para la cultura de paz y no violencia. *Boletín Oficial Junta de Andalucía*, de 27 de febrero de 2004, n.º 40, pp. 5.092-5.106.

Orden de 10 de febrero de 2004, por la que se regula la convocatoria de ayudas y el reconocimiento de proyectos escuela: espacio de paz en los centros docentes concertados, con excepción de los universitarios, de acuerdo con el Plan andaluz de educación para la cultura de paz y no violencia. *Boletín Oficial Junta de Andalucía*, de 9 de marzo de 2004, n.º 47, pp. 5.881-5.898

Orden de 18 de julio de 2007, por la que se regula el procedimiento para la elaboración y aprobación del plan de convivencia de los centros educativos sostenidos con fondos públicos. *Boletín Oficial Junta de Andalucía*, 8 de agosto de 2007, n.º 156 pp. 25-30.

Ortega, R. (1997). «El proyecto Sevilla anti-violencia escolar. Un modelo de intervención preventiva contra los malos tratos entre iguales». *Revista de Educación*, 313, pp. 143-161.

Ortega, R.; Del Rey, R. (2001). «Aciertos y desaciertos del Proyecto Sevilla anti-violencia escolar» (SAVE). *Revista de Educación*, 324, pp. 253-270.

— (coords.) (2004). *Construir la convivencia*. Barcelona: Edebé.

Veiga, E. J. (2007). «Los observatorios de la convivencia ¿Cómo alcanzar la mejor convivencia?» En: Barca, A. y otros (coords.). *IX Congreso Internacional Galego-Portugués de Psicopedagoxia*. La Coruña: Universidad de de La Coruña.

Referencias web:

Observatorio Estatal de Convivencia Escolar:
http://www.educacion.es/educacion/sistema-educativo/politicas/mejora-convivencia-escolar.html

Informe del Defensor del Pueblo:
http://www.defensordelpueblo.es/es/Documentacion/Publicaciones/
monografico/

Portal de Convivencia de la Junta de Andalucía:
http://www.juntadeandalucia.es/educacion/convivencia

Informe del Consejo Escolar de Andalucía:
http://www.juntadeandalucia.es/educacion/portal/com/bin/convivencia/
contenidos/ObservatorioAndaluz/InvestigacionesyEstudios/
EstudioConvivenciaConsejoEscolarAndalucia/1243331587359_informe_
sobre_la_convivencia_en_los_centros_educativos_-_consejo_escolar_de_
andalucia.pdf

Proyectos SAVE y ANDAVE:
http://www.conflictoescolar.es/2007/10/proyecto-sevilla-anti-violencia-
escolar-save-y-proyecto-andalucia-anti-violencia-escolar-andave/

2. Principios pedagógicos de la educación para la convivencia intercultural

Juan José Leiva Olivencia.
Universidad de Málaga

2.1 Introducción

Nuestras escuelas, al igual que las del resto de países de la Unión Europea, están experimentando una profunda transformación debido a la creciente presencia de alumnos de otras culturas y procedencias, como resultado de las nuevas tendencias migratorias de carácter internacional. De hecho, nuestro país ha pasado en los últimos tiempos de ser un país de emigrantes a convertirse en un país de acogida de inmigrantes de diversos lugares, etnias, costumbres, lenguas y religiones. Centrándonos en el contexto educativo, es evidente e ineludible hablar tanto de multiculturalidad como de la existencia de aulas donde el fenómeno multicultural es entendido como la pluralidad de alumnos de procedencias diversas en escenarios educativos comunes. Ahora bien, el reto es pasar de la multiculturalidad a la interculturalidad. Ya hace algunos años que, en el ámbito educativo, muchos autores emplean los términos de «escuela intercultural» y de «educación intercultural» como una forma de asumir el modelo educativo inclusivo basado en la interdependencia enriquecedora de la diferencia cultural y, por tanto, del enriquecimiento compartido y cooperativo que supone la interacción entre valores culturales diferentes en la práctica educativa. La multiculturalidad, en cambio, sería una mera expresión descriptiva de la situación de convivencia del alumnado y de las familias de diversas culturas en un mismo espacio educativo (Leiva, 2010). A continuación, realizaremos un recorrido por los principios pedagógicos fundamentales de la interculturalidad teniendo en cuenta su objetivo clave: la mejora de la convivencia escolar desde la diversidad y para la diversidad.

2.2 La interculturalidad: un reto social y educativo

Verdaderamente, nuestras escuelas están afrontando el reto de la convivencia intercultural. No cabe lugar a dudas cuando afirmamos que aulas y escuelas han pasado en poco tiempo de ser espacios monoculturales a ser espacios *multiculturales* con la intención de construir de manera cooperativa una educación intercultural que ahonde en la inclusividad escolar. Educar para la convivencia intercultural es la propuesta de acción pedagógica de carácter inclusivo que atiende precisamente a esa necesidad, la de responder a formar en el respeto de la diversidad cultural a todos los niños, jóvenes y mayores en una sociedad cada vez más heterogénea y plural. Según Aguado (2003), la educación intercultural nutre e impregna los principios de una educación inclusiva donde el referente pedagógico por excelencia es la vivencia y convivencia de la diferencia cultural y social como factor de enriquecimiento educativo. Aprovechar educativamente la diversidad cultural pasa por reconocer que lo común es la diversidad y que esta debe ser, desde la perspectiva pedagógica, común en los diseños y propuestas de intervención educativa que se consideren ya no solo oportunos y adecuados, sino imprescindibles en una sociedad democrática como la nuestra (López Melero, 2004). Una sociedad que afronte el trascendental reto de dar respuesta educativa a la diversidad cultural y, sobre todo, que necesita propuestas pedagógicas que hagan posible la premisa básica de *aprender a vivir juntos.*

Para Essomba (2006), los sistemas educativos deben asegurar unas bases sólidas para la igualdad de oportunidades en la escuela, el trabajo y la sociedad, atendiendo a la diversidad de género, etnia y cultura y a partir de un reconocimiento entre iguales basado en el respeto a esta diversidad. Así pues, la educación intercultural, entendida como actitud pedagógica que favorece la interacción entre las diferentes culturas, se convierte en la mejor forma de prevenir el racismo y la xenofobia, y de promover una convivencia basada en el respeto a la diferencia cultural como legítima en su diferencia. Decir esto no significa que obviemos los conflictos que pueden acontecer en los contextos en los que la diversidad cultural tiene una mayor presencia; no obstante, defendemos la idea de que los conflictos denominados «interculturales» tienen un menor peso en la realidad escolar de lo que los medios de comunicación pretenden transmitir o incluso de las ideas preconcebidas que en un momento dado podemos tener (Leiva, 2010). Es más, son muchos los docentes que consideran que los conflictos escolares tienen una vertiente más social que cultural, y que los conflictos que se desarrollan en contextos educativos caracterizados por una significativa diversidad cultural hunden sus raíces en problemáticas sociales y familiares, más que en cuestiones identitarias o culturales.

En todo caso, cabe señalar que el nuevo marco normativo que establece la Ley Orgánica 2/2006, de 3 de mayo, de Educación (LOE) define la escuela pública como un espacio de convivencia y aprendizaje, que ofrece un servicio que garantiza el derecho a la educación de todos los ciudadanos y ciudadanas y que atiende a la diversidad cultural como un elemento educativo de primer orden. La LOE, en sus fines y principios, opta por un modelo de persona y de sociedad que se fundamenta en un conjunto de valores –justicia, tolerancia, libertad, paz, cooperación, solidaridad, no discriminación, etcétera– y en los principios democráticos de convivencia: pluralismo, participación y respeto. Así, podemos compartir la idea de que nos encontramos ante un marco normativo favorecedor del desarrollo práctico de la educación intercultural en la escuela, no solo porque implica el respeto y aprovechamiento de la diversidad cultural, sino que además posibilita el planteamiento de focalizar una cultura de la diversidad en la escuela que significa ir más allá de la interculturalidad en términos de conocimiento cultural. Es decir, la educación intercultural es la propuesta educativa inclusiva que favorece el conocimiento y el intercambio cultural, así como la valoración positiva de la diversidad cultural en términos de convivencia, innovación curricular y fomento de la participación comunitaria en una escuela inclusiva, una escuela para todas y todos, donde alumnado, profesorado, familias y agentes sociales conformen una comunidad educativa abierta.

En efecto, la interculturalidad en la escuela es un paso educativo de relevancia social en la medida en que se considera que ayuda y favorece la constitución de una cultura de la diversidad que va más allá de aceptar sin más la diversidad cultural en una escuela, un barrio o una ciudad. Estamos haciendo referencia a que la educación intercultural es un vehículo de apertura y de fomento de la formación para la participación de todos los miembros de la comunidad educativa (Banks, 2008). Esto supone que cualquier acción o medida educativa denominada intercultural y concebida en el contexto escolar, puede y tiene la potencialidad de influir y generar procesos educativos de carácter comunitario. Luego, la educación intercultural en la escuela es el primer paso de intervenciones educativas interculturales que no deben restringirse al ámbito puramente académico, aunque, como es lógico pensar, es obvio que la escuela es un escenario privilegiado para el desarrollo práctico de la interculturalidad. Es más, la institución escolar se convierte así en un lugar fundamental de formación para la convivencia intercultural, por ser un contexto ideal para que alumnos y adultos (profesorado y familias) concreten y se ejerciten en los valores democráticos y de la diversidad. Desde este enfoque, la escuela intercultural es inclusiva y viceversa, ya que debe ser una institución donde hombres y mujeres aprendan valores y actitudes que aseguran una convivencia en la diversidad personal y cultural libre, pacífica, respetuosa y no discriminatoria.

2.3 El profesorado ante la convivencia intercultural

El profesorado, por ser el instrumento pedagógico por excelencia (Jordán, 2007), es el agente clave para la construcción de una escuela inclusiva de calidad. En el caso de una escuela intercultural cuya calidad esté definida precisamente por la perspectiva intercultural de la propia diversidad cultural de su alumnado y de sus familias, su importancia es, si cabe, mayor, pues el reto actual de la diversidad cultural (fenómeno que está configurando un nuevo escenario educativo en nuestras aulas y escuelas) es cada vez más emergente e ineludible. Hasta hace escasamente una década, pocos eran los profesores que tenían en mente la diversidad cultural como elemento prioritario de la educación. En este sentido, el docente, como profesional comprometido con el análisis de los cambios sociales, viene observando en los últimos tiempos que sus aulas y escuelas están pasando de ser espacios culturales más o menos homogéneos a nítidamente plurales y heterogéneos, lo cual ha suscitado importantes inquietudes e interrogantes pedagógicos y didácticos entre los profesores. La multiculturalidad que define la situación escolar de muchos centros escolares viene dada por la existencia cierta de alumnos procedentes de diferentes lugares y culturas en espacios educativos comunes; algo que en ningún momento constituye un esfuerzo educativo intercultural, sino una situación dada real y objetiva. No obstante, ese cambio cualitativo –y también cuantitativo– ha tenido grandes repercusiones para el profesorado de nuestro país. En pocos años, la presencia creciente de alumnos inmigrantes ha llevado consigo el cambio en la «fisonomía» de nuestras aulas y escuelas, lo que, a su vez, ha provocado el necesario replanteamiento de los principios de la educación democrática en los que se basa nuestra sociedad.

No es nuevo afirmar que el papel del profesorado en esta nueva configuración de la escuela es absolutamente trascendental. Ningún equipo directivo ni ningún docente bien formado y con ilusión por trabajar más y mejor obvia la necesidad de educar *en* y *para* la interculturalidad en su centro educativo (Soriano, 2008). Esto se hace más inexcusable cuando los docentes desarrollan su labor formativa en contextos educativos donde la diversidad cultural es lo común y característico. Es más, el papel de los docentes como educadores y no como meros transmisores de información (y de cultura) escolar monolítica, ha cambiado profundamente y ha supuesto la adquisición de unas nuevas responsabilidades sociales en el campo de la educación que han asumido el deber de fomentar en la escuela un espíritu tolerante, respetuoso y de convivencia en el marco de los principios democráticos de igualdad de oportunidades y de respeto en la construcción de la identidad. Sin embargo, hemos de admitir que en este escenario claramente multicultural, hay profesores que todavía permanecen pasivos ante este panorama –aunque cada vez sean menos–, lo cual tiene significativas repercusiones en el funcionamiento de la escuela democrática, plural y heterogénea.

En efecto, muchas actitudes de inhibición o de pasividad ante esta realidad de diversidad cultural son una clave negativa si las escuelas quieren convertirse en espacios donde aprender a convivir en la diferencia cultural sea una clave fundamental de buenas prácticas docentes. En este punto, cabe destacar la importancia de diferentes estudios que se han desarrollado en nuestro país sobre esta cuestión (Aguado, 2003; Essomba, 2006; Leiva, 2008 y 2010; Montón, 2004; Soriano, 2009) tanto a partir de investigaciones realizadas en contextos educativos de diversas regiones y provincias españolas, como de revisiones teóricas de estudios desarrollados en países de nuestro entorno europeo. Estas investigaciones han estudiado principalmente las actitudes y las concepciones educativas de los docentes ante la existencia y pujanza de la diversidad cultural en la escuela, donde la presencia de alumnos de culturas minoritarias constituye un elemento significativo para el establecimiento de procesos de reflexión pedagógica y de incorporación de nuevas prácticas educativas en su quehacer cotidiano.

Así pues, resulta fundamental hacernos las siguientes preguntas: ¿Qué ideas pedagógicas podemos obtener de estos estudios? ¿Qué percepciones tienen los docentes sobre la diversidad cultural? ¿Cuáles son las concepciones educativas que tienen los profesores que trabajan en contextos educativos de diversidad cultural? Pues bien, la primera respuesta que podemos ofrecer es sencilla: el profesorado tiene una perspectiva *diversa* sobre la diversidad cultural. Esto implica que existen visiones o enfoques pedagógicos distintos que, en su traducción en la práctica, se pueden distinguir de una manera más o menos definitoria. En este punto, en un trabajo anterior (Leiva, 2010), descubrimos la existencia de cuatro «miradas» sobre educación intercultural desde el punto de vista del profesorado: técnica-reduccionista, romántica-folclórica, crítica-emocional y reflexiva-humanista.

- *La perspectiva técnica-reduccionista.* Es la que plantean los docentes que consideran que la educación intercultural es, más que otra cosa, una educación que se imparte en contextos educativos donde hay muchos alumnos inmigrantes y que, por este motivo, se dirige especialmente a ellos y a sus familias. La diversidad cultural es vista como un problema. Las acciones educativas interculturales se contemplan como respuesta educativa a problemas fundamentalmente lingüísticos, conductuales y de índole curricular de alumnos inmigrantes con problemas de incorporación tardía al grupo o desfase curricular significativo.
- *La perspectiva romántica-folclórica.* Especialmente predominante en muchos centros, es aquella donde el profesorado percibe y siente la interculturalidad como una propuesta fundamentalmente utópica y cuyo reflejo real en la práctica escolar es la el mero conocimiento cultural de determinados aspectos de las culturas de los alumnos inmigrantes a través de fiestas y jornadas escolares específicas. Es la típica perspectiva de iniciación a la educación intercultural cuyo riesgo o déficit radica precisamente en que solo permanezca en la valoración y conocimiento del folclore (baile, música, ropa, gastronomía, etc.) en momentos puntuales de la vida escolar, sin ningún tipo de vinculación o imbricación cu-

rricular por parte del profesorado. Además, en esta perspectiva resulta curioso que muchos docentes alaben la necesidad de contar con diferentes entidades socioculturales para la realización de actividades puntuales de carácter lúdico o formativo cuando no existe un claro compromiso por parte del docente en su colaboración o coordinación.

- *La mirada crítica-emocional.* Se asocia con el profesorado comprometido con la diversidad cultural como un elemento de motivación educativa para la transformación, el cambio y la innovación curricular. La interculturalidad no se plantea como una propuesta dirigida a toda la comunidad educativa, sino que trasciende el marco lectivo y de clase para dinamizar la escuela como un espacio donde tengan voz familias y alumnos, tanto autóctonos como inmigrantes, para aprender a convivir juntos. De este modo, el contagio emocional derivado del intercambio cultural se convierte en un elemento clave en la promoción positiva de la autoestima de los jóvenes inmigrantes, así como de la crítica constructiva de las diferentes identidades culturales del grupo. En esta perspectiva, lo importante es el fomento de la participación comunitaria y el empleo de todos los recursos educativos al alcance de la institución escolar. El profesor se compromete a su vez en un sentido crítico, ético y político con las minorías étnicas a favor de un currículum contrahegemónico e intercultural.
- *La perspectiva reflexiva-humanista.* Esta perspectiva también tiene el apoyo de un nutrido grupo de docentes que considera que la interculturalidad es un cambio actitudinal y de educación en valores. En esta perspectiva se defiende la importancia de manejar competencias interculturales en una comunicación que debe ser auténtica y empática por parte del docente hacia el alumnado y las familias inmigrantes, pero abriendo la necesidad de que la educación intercultural se convierta en un ejercicio de compartir significados culturales donde lo importante no sean tanto las actuaciones prácticas como el sentido y sensibilidad de dichas prácticas (abiertas, colaborativas...).

Sin ánimo de ser excesivamente exhaustivo en el análisis de estos modelos, es importante destacar que el estudio del pensamiento pedagógico intercultural del profesorado implica conocer las percepciones educativas en sus diferentes dimensiones: cognitiva, procedimental, ética y emocional. Así pues, mientras en el enfoque técnico-reduccionista la interculturalidad tiene un fuerte componente de acción educativa de carácter compensatorio, la perspectiva crítica defendería la vertiente crítica de la interculturalidad como herramienta dirigida a transformar el currículum escolar hegemónico en un currículum intercultural útil y funcional para todos los alumnos, y donde la diferencia cultural sea un valor educativo en la planificación e intervención didáctica (Sleeter, 2005).

Desde este enfoque es obvia la consideración de que la interculturalidad es una respuesta educativa dirigida a todo el alumnado, no solo el de origen inmigrante, que debe encararse desde la colaboración y participación crítica de todos los miembros de la comunidad educativa. En este punto, la posición reflexiva-humanista es similar a la crítica, la única diferencia que podemos apuntar se sitúa en el plano de la comunicación y de la innovación·curricular. En el caso de la postura romántica-folclórica, los docentes perciben la interculturalidad como una respuesta educativa dirigida a toda la población escolar pero haciendo especial hincapié en la dimensión cognitiva de la cultura.

Si al analizar los discursos existentes entre el profesorado ante la presencia de alumnos inmigrantes en el sistema educativo, y en definitiva, ante la inmigración, se constata la gran diversidad de opiniones y percepciones al respecto, ocurre lo mismo cuando se indaga en los discursos procedentes de las familias, tanto inmigrantes como autóctonas (Leiva, 2010). Por una parte, aparecen aquellos relatos que muestran el claro respeto hacia la diversidad cultural y que además consideran positivas y enriquecedoras las relaciones interculturales. Por otra parte, también hay familias reticentes al intercambio cultural, no tanto por las connotaciones específicas de índole cultural o identitaria, sino sobre todo por las posibles repercusiones que dichas connotaciones pueden tener en el rendimiento académico de sus hijos y el nivel educativo de sus centros escolares.

2.4 La escuela inclusiva como espacio privilegiado para la convivencia intercultural

Según Sabariego (2002), la educación es una construcción social y dinámica que no es responsabilidad únicamente de la escuela ni tampoco de la familia; sino que es un proceso en el que conjuntamente y de manera interdependiente, escuela, familia y sociedad aparecen como ejes relevantes e imprescindibles en la misma. En torno a esta idea, que se refiere a las responsabilidades de los diferentes agentes en los procesos educativos, es necesario prestar atención a la participación de padres y madres en las escuelas interculturales e inclusivas. Es cierto que la falta de participación familiar, el escaso protagonismo y compromiso de algunos padres y madres de alumnos en la educación de sus hijos, se muestra como una de las principales preocupaciones por parte del colectivo de profesores en la actualidad. Y es que se confirma la tendencia general y creciente de que los padres tienden a delegar exclusivamente la educación de sus hijos en la escuela, lo que constituye una dejación o desinterés en la tarea educadora. Ante ello, el docente es la persona cuya sensibilidad y compromiso con la educación intercultural auténtica puede ayudar no solo al alumno, sino también a la propia familia, conociendo y respetando su idiosincrasia cultural y su propia identidad (Banks, 2005).

De este modo les hará ver la importancia del establecimiento de vínculos comunicativos de encuentro e interacción cultural y de la necesidad de implicarse en las acciones desarrolladas en la escuela, enriquecedoras para el clima escolar positivo. Tal y como subraya Soriano (2009), el protagonismo del docente en las escuelas cuya diversidad es un rasgo definitorio es de absoluta trascendencia, sobre todo cuando el fenómeno de la diversidad cultural es visto como algo perturbador, negativo, o incluso ajeno e indiferente en la sociedad.

La práctica educativa intercultural viene determinada por dos aspectos fundamentales: en primer lugar, la concepción pedagógica que tienen los docentes sobre el significado de la interculturalidad y, en segundo lugar, la formación intercultural del profesorado. Estos dos aspectos son básicos para entender que, en la actualidad, la práctica de la educación intercultural es muy diversa y heterogénea y que la traducción de los principios y valores de la educación intercultural modula generalmente entre el deseo y la realidad, esto es, entre el deseo de ser una propuesta pedagógica crítica y la realidad de ser una prolongación de un tipo específico de educación compensatoria.

Partimos de la idea de que construir interculturalidad precisa de la posibilidad de afirmar la propia cultura en su relación con las demás. Esta afirmación se realiza mediante un proceso donde todos y todas podemos aportar, y donde todas estas aportaciones son sujeto de intercambio y de valoración crítica (Aguado, 2003). Es así como, desde la expresión de la diversidad, la relación intercultural puede construirse en un medio de cohesión e integración social. Y, lo más difícil, el establecimiento de un marco de relaciones donde se facilita la interacción cultural en condiciones de igualdad de oportunidades.

El fin de la educación intercultural es lograr la convivencia, el respeto y la valoración mutua entre todos los alumnos de manera que ese clima de entendimiento y de tolerancia se traslade a la sociedad en la que vivimos. A pesar de ello, sabemos que uno de los problemas que repetidamente se manifiesta a la hora de establecer relaciones y vínculos interculturales ha sido la relevancia que hemos otorgado a las diferencias en detrimento de los aspectos que nos unen, que nos igualan, y en la base de dichos aspectos hay uno fundamental: todos somos personas con múltiples identidades personales. Precisamente ese debe ser el fundamento de la educación intercultural: para que el deseo de respeto y de entendimiento pueda transformarse en una realidad será necesario que todos los alumnos, que todas las personas, se sientan valoradas, apreciadas y aceptadas por ser quienes son y no únicamente por su procedencia y cultura.

Por todo ello, el centro educativo intercultural, la escuela intercultural, debe ser un espacio privilegiado de vida y cultura comunitaria. Es decir, los colegios e institutos de un barrio deben constituirse en centros generadores de participación comunitaria, ser permeables y estar abiertos a conformar en ellos una cultura escolar diversa, compleja y dinámica (Sabariego, 2002). La escuela intercultural e inclusiva debe apostar claramente por la transformación crítica de la realidad que le ha tocado vivir y debe servir como canal para diversas expresiones éticas y culturales. En este punto, podemos afirmar sin miedo a equivocarnos que el siguiente paso de la interculturalidad debe ser la generación en la escuela de un debate en torno a la cultura de la diversidad. Es decir, se debe pasar de los procesos de enfatización positiva de la diferencia cultural a la valoración global de una cultura de la diversidad que, en sí misma, permita llegar a una escuela más democrática, equitativa, solidaria y crítica (López Melero, 2004). La escuela no solo debe generar conocimiento significativo, también ciudadanía crítica e intercultural, de ahí la importancia de que los centros educativos superen reduccionismos y se abran sin temor a la comunidad.

Los centros escolares deben superar la celebración de las festividades extraacadémicas desde posiciones exclusivistas y de puertas para adentro. Más bien al contrario, las instituciones educativas deben implicarse en la generación de comisiones y diversas instancias participativas ampliamente representativas de la comunidad educativa donde participen madres y padres, inmigrantes y autóctonos, asociaciones y entidades sociales, clubes juveniles, etc. El objetivo debe plantearse en términos de comunidad, de educación intercultural dirigida a la promoción de la participación comunitaria en la escuela de tal manera que se negocien, se reconstruyan y se gestionen eficazmente las diversas actuaciones escolares (formales y no formales) para que la escuela sea un espacio de encuentro en torno a las acciones educativas interculturales compartidas y comunitarias de todos y para todos.

En este marco de reflexión pedagógica inscribimos algunas reflexiones de docentes que tienen una visión crítica de la interculturalidad. Una visión que va más allá de la educación compensatoria y de la educación para la paz. En efecto, la educación intercultural se postula como un enfoque pedagógico transformador al considerar la educación como una construcción eminentemente social y comunitaria. Por esta razón, el posicionamiento inclusivo es el que apuesta para que el docente participe activamente, no solo en el plano meramente escolar, sino también en el plano de la participación y la vida política local. En verdad, no es descabellado plantear que el profesorado, como primer agente social que recibe el impacto de la inmigración en la escuela, tenga una voz privilegiada en el diseño de políticas públicas (socioeducativas) sobre cómo afrontar la inclusión social y educativa de los alumnos y las familias inmigrantes en la comunidad.

2.5 La construcción comunitaria de la interculturalidad

Para Santos Rego (2009) y Montón (2004), la participación de las organizaciones y entidades sociales juega un papel cada día más relevante, sobre todo en los contextos escolares de diversidad cultural que, en términos generales, son más susceptibles de recibir apoyos y ayudas de diversa índole por parte de estas instituciones (ONG, varios autores...). El problema es que el profesorado se mueve a menudo en un sistema de comunicación cerrado, debido, en ocasiones, a la inseguridad que suscita la falta de dominio en algunos temas de actualización pedagógica (Irvine, 2003). Asimismo, hay algunos profesores que no aprovechan el potencial didáctico que le ofrecen muchas oenegés y grupos sociales que podrían colaborar en la transformación intercultural del currículum escolar. En efecto, a pesar de que es cierto que cada día acuden con más frecuencia estas entidades a trabajar en la escuela, todavía persiste la idea de que la institución escolar no es el espacio natural para estas entidades sociales, que acostumbran a basar su estrategia de acceso al centro escolar en la elaboración de materiales didácticos externos o bien en la realización de algún tipo de actividad puntual −generalmente lúdica− en el contexto educativo formal. En todo caso, tenemos que confirmar que estas entidades no solo trabajan en horario extraescolar, sino que ya actúan en el horario escolar dotando de una gran vitalidad y participación a la institución educativa.

El reto está en consolidar este trabajo a través de dos estrategias metodológicas de enorme potencialidad educativa: la acción tutorial del profesorado y el aprendizaje servicio. En ambos elementos es necesaria la formación del profesorado en competencias interculturales y se requiere un trabajo formativo de carácter interdisciplinar entre profesores, familias, mediadores interculturales, educadores sociales y trabajadores sociales. Es cierto que la primera estrategia es básica y se viene entendiendo la interculturalidad como un constructo más en la educación en valores o como tema transversal. No obstante, aparece con fuerza la necesidad de imbricar la interculturalidad dentro del currículum escolar y de incluir acciones educativas que conecten la educación con el servicio a la comunidad, esto es, que se diseñen y desarrollen propuestas que el alumnado pueda desarrollar en sus contextos más cercanos (familia, barrio, asociaciones de vecinos, etcétera) para la promoción de la interculturalidad y la cultura de la diversidad (por ejemplo, realizar estudios sobre la inmigración en el barrio, analizar la integración del colectivo inmigrante, hacer juegos cooperativos de paz y diversidad, estudiar conflictos interculturales...).

Tal y como ponen de manifiesto diferentes estudios e investigaciones (Aguado, 2003; García y Goenechea, 2009; Soriano, 2008 y 2009), la interculturalidad es concebida como una propuesta educativa reflexiva de enorme interés y potencialidad para los docentes pero cuya traducción en la práctica escolar está llena de contradicciones y ambigüedades que nos hacen repensarla desde diferentes enfoques −y significados− para comprender el pensamiento pedagógico que el profesorado tiene acerca de esta propuesta de acción educativa. Sin embargo, el profesorado de nuestro país es consciente de la necesidad que existe de construir escuelas que sean verdaderos espacios de diálogo intercultural donde la cultura de la diversidad sea un pilar básico en una educación que forme a ciudadanas y ciudadanos democráticos y respetuosos con la diversidad social y cultural. Exponemos ahora algunas consideraciones sobre esto a partir de las conclusiones extraídas de un estudio reciente sobre educación intercultural desarrollado en la provincia de Málaga (Leiva, 2007).

En primer lugar, el profesorado se encuentra comprometido con los principios de interculturalidad que impregnan y forman parte de los principios educativos de sus escuelas. Además, cabe tener en cuenta que las actividades interculturales son fundamentales para favorecer la integración efectiva del alumnado inmigrante.

> Pero sí es verdad que hay que seguir avanzando, precisamente en el objeto de la interculturalidad..., porque yo quiero que las madres inmigrantes participen en la vida del colegio. Es fundamental para el colegio. Y creo que hay que aceptar lo bueno de todas las culturas. Quiero que seamos capaces de integrarlos sin perder su identidad: no hay que perderla de ninguna de las maneras... Así, con todas las culturas. Esto puede producir una riqueza inmensa en un colegio como el nuestro.
>
> (Entrevista a una profesora de Primaria)

En segundo lugar, podemos apreciar un cambio muy significativo e interesante en relación con el concepto de interculturalidad, y es que el profesorado se expresa positivamente al entender que las actividades interculturales tienen que dirigirse a toda la población escolar, o sea, no solamente al alumnado inmigrante, sino a todo el alumnado, sin exclusión. Esto, sin lugar a dudas, es una idea clave que podemos extraer de los datos (tanto cualitativos como cuantitativos) de nuestro estudio, que nos ofrecen una orientación manifiestamente favorable a considerar la interculturalidad desde una dimensión más abierta, optimista y comprometida con toda la comunidad educativa.

Existe un alto grado de compromiso por parte de los docentes en el desarrollo de acciones educativas interculturales. De hecho, el perfil del profesorado que trabaja en las escuelas interculturales es cada vez más el de un profesorado implicado y concienciado en el desarrollo de ideas pedagógicas innovadoras y transformadoras.[1] En este

---

1. Esto es un aspecto que ha sido confirmado en los estudios cualitativos de casos de dicho trabajo de investigación (Leiva, 2007), y es que, no solo el profesorado en comisión de servicios y adscrito a proyectos de educación intercultural está claramente comprometido con el desarrollo de la interculturalidad. Estos docentes, así como el

sentido, estos docentes consideran que los alumnos/as inmigrantes necesitan sentir:

> ...valorada su cultura; que el currículum que se diseñe en cualquier tipo de centro tiene que responder a la diversidad cultural, y la diversidad cultural significa responder a los valores culturales y a las características de cada uno de ellos.
>
> (Fragmento de una entrevista hecha a un profesor de 5.º de Primaria)

En tercer lugar, otra conclusión que se desprende de nuestro estudio es que el profesorado concibe la educación intercultural en términos de reflexión profunda sobre la educación actual, es decir, como una opción pedagógica que emerge con fuerza a partir de la reflexión sobre la actual situación de creciente diversidad cultural en las escuelas. Sin embargo, hay que decir que son muchos los profesores que opinan que la interculturalidad no solamente puede quedarse en el aspecto reflexivo, sino que también tiene que dar una respuesta práctica y ajustada a la compleja realidad educativa que se vive en las *escuelas de diversidad*. Ahora bien, es cierto que todavía son pocos los docentes que contemplan la interculturalidad como una propuesta crítica y transformadora en educación. Sin embargo, existe una creciente tendencia a concebir la interculturalidad no solo en términos de conocimiento cultural (dimensión cognitiva), sino también en términos afectivos (dimensión emocional) considerados también como claves fundamentales para llevar a la práctica una auténtica educación intercultural.

> Es empatía, ponerme en la piel..., acercarme a ellos. Y ellos ven que les entiendes, pero sobre todo es fundamental respetarles, quererles. Nunca

---

profesorado de aula ATAL, están dinamizando al resto de profesores y profesoras de sus respectivos centros, lo que está favoreciendo su actitud positiva hacia la educación intercultural. Además, estos colegios están elaborando propuestas prácticas que han venido a estimular en la provincia de Málaga el interés por este tipo de proyectos pedagógicos. Ejemplo de ello es la publicación del libro del Dr. Julio Vera, titulado *Propuestas y experiencias de educación intercultural* (2008), publicado por la Fundación Santa María (Madrid), donde se recogen algunas experiencias, actividades y materiales interculturales que se desarrollan actualmente en estos centros educativos (Ver pp. 151-165).

nadie puede humillar a un niño, nunca...; tú tienes que acercarte a ellos, darles afecto. Además, tienes relación con su casa, conoces a sus padres...

(Entrevista a una directora de CEIP)

En cuarto lugar, hay que señalar que diferentes agentes de la comunidad educativa valoran muy positivamente la diversidad cultural que implica la acogida de alumnado inmigrante en sus centros educativos, confirmado esto por una orientadora que afirma que «los niños de otras culturas son una gran riqueza [...], y son buenos alumnos; la mayoría son niños más centrados; no tienen ningún tipo de conflictos *violentos*».[2] Sin lugar a dudas, esta es una idea relevante en nuestro estudio, ya que se confirma la aceptación y valoración positiva de las diferencias culturales por parte de los docentes de las escuelas interculturales. Igualmente, se nos indica una tendencia que hemos podido confirmar en nuestro estudio y en otros trabajos recientes de investigación (Merino, 2004; Soriano, 2008), y es la idea cada vez más extendida entre el profesorado de que el alumnado inmigrante es un buen alumnado en términos generales, con predisposición al estudio y a un comportamiento correcto y respetuoso con las normas de convivencia en nuestras instituciones escolares. Esto ha sido confirmado en distintos estudios realizados en la provincia de Málaga, y no se refieren especialmente al alumnado inmigrante de la Costa (por ejemplo, ingleses, franceses o alemanes), sino fundamentalmente a alumnos y alumnas de origen magrebí y latinoamericano (Ruiz, 2005; Rascón, 2006).

Por otro lado, cuando hablamos de «espacios formativos flexibles», nos estamos refiriendo a la cada vez más necesaria implantación de acciones educativas creativas donde la interculturalidad sea vivida y construida por todos los agentes de la comunidad educativa. Propuestas de este tipo son visibles en algunos centros que hemos estudiado. ¿Cuáles son estas propuestas? Todas aquellas que dan cobertura a una estrategia consciente de reconocer la importancia de la participación de todas las familias (inmigrantes y autóctonas) para ir construyendo una escuela viva y optimista: *la escuela de la diversidad*: los grupos de madres, las charlas con café, los encuentros educativos interculturales, los talleres extraescolares para alumnos y familias.

---

2. Fragmento de una entrevista a una orientadora del equipo de orientación educativa de la zona CAEP (centros de actuación educativa preferente).

Además, tenemos que señalar que las AMPA tienen que desempeñar un papel clave en la gestión educativa de la diversidad cultural. Ahí es necesario que los equipos directivos apuesten decididamente por la dinamización de estos organismos como canalizadores de actividades educativas interculturales. Las escuelas de padres y madres, los encuentros informales, los espacios formativos de apoyo sobre el aprendizaje de la lengua materna, los talleres (de temáticas interesantes y atractivas para las familias) o jornadas culturales diversas, etcétera, pueden constituir nuevas herramientas educativas interculturales si el objetivo es lograr la inclusión educativa de todos sin excepciones y la mejora de la convivencia en las escuelas interculturales. De un estudio realizado en ocho centros educativos públicos de la provincia de Málaga (Leiva, 2007), podemos extraer la idea de que las familias necesitan crear nuevos espacios de relación y un clima de diálogo activo con el apoyo de los docentes. No se trata solo de poner a disposición los espacios y los tiempos –generalmente extraescolares–, sino, sobre todo, de promover una participación activa que movilice todos los recursos educativos disponibles y enfoque globalmente a la escuela como un escenario formativo comunitario, de servicio e interés público para toda la comunidad. Por esta razón, el profesorado de estas escuelas debe estar formado y sensibilizado en la educación intercultural democrática y participativa; y es que la escuela «es un lugar donde padres y profesores tienen que trabajar educación en valores, porque se pretende formar a niños con valores, no solamente enseñar a leer y a escribir» (fragmento de una entrevista a una directora de CEIP).

Es necesaria la participación docente en los grupos de madres de origen inmigrante y en las actividades dirigidas a las familias que existen en los centros educativos. De hecho, hemos podido observar que estas plataformas educativas son muy importantes para avanzar en un diálogo enriquecedor e intercultural entre las propias familias inmigrantes y las autóctonas, ya que «crean redes de apoyo por ese sentimiento de desarraigo que algunas madres traen, y, como ven a otras con características similares, pues se relacionan». En este sentido, consideramos que estas actividades dirigidas a madres inmigrantes son fundamentales para «fomentar los lazos sociales e incluso para que hagan amistades entre ellas mismas, ya que muchas madres necesitan mucho afecto y apoyo» (fragmento de una entrevista a una profesora de ATAL). Desde nuestro punto de vista, la participación de las familias tiene un doble valor: no solo es una acción educativa que promueve la mejora de las relaciones entre los alumnos de las diferentes culturas y, por tanto, la mejora de la convivencia en la escuela, sino que también sirve como elemento de apoyo emocional para muchas familias que viven momentos vitales complejos y difíciles.

2.6 La cultura de la diversidad como fundamento de la convivencia intercultural

Según López Melero (2004), la cultura de la diversidad como fundamento de la interculturalidad tiene importantes implicaciones pedagógicas que afectan e influyen en todos los aspectos de la educación. No obstante, en este artículo vamos a centrarnos en las implicaciones pedagógicas que derivan de su análisis crítico en relación con la necesaria formación intercultural de los profesores. Dicho esto, tenemos que subrayar que el profesor competente, desde la perspectiva intercultural, es aquel que tiene la habilidad de interactuar con «otros» (alumnos/as y familias inmigrantes), de aceptar otras perspectivas y percepciones del mundo, de mediar entre diferentes perspectivas y de ser consciente crítica y reflexivamente de sus propias valoraciones sobre la diversidad cultural. La competencia intercultural se compone de conocimientos, habilidades y actitudes de respeto y aceptación de la diversidad cultural como un valor educativo de primer orden en el quehacer pedagógico. Las actitudes (de apertura, voluntad de relativizar las propias creencias y comportamientos, de empatía...) constituyen la base de la competencia intercultural del profesorado (Leiva, 2007).

> Hay algunos que se dan cuenta y cambian un poquito el chip, otros se acoplan sin estar convencidos; hay de todo. Y verdaderamente todas las estrategias pasan por todo un proceso de comprensión, de trabajo de competencias, de habilidades para que esos conflictos realmente se solucionen. Y, claro, todo esto que te estoy hablando de comprender, de saber, de que tú no puedes tratar a un niño de mala manera... necesita un trabajo previo. Cuando a un alumno lo coges ya en el conflicto, ya has perdido la pelea. Tienes que detectar antes que va a surgir conflicto; entonces, hay que poner el parche antes de que salga el grano..., e ir evitando, ir previniendo, trabajar sobre ello.
>
> (Entrevista a una orientadora de Secundaria)

Aunque es verdad que no todo el profesorado de las escuelas interculturales está verdaderamente implicado en el reconocimiento de la diversidad cultural como un capital educativo de primer orden en su práctica educativa, es cierto que a nivel conceptual y de pensamiento pedagógico del profesorado, la diversidad cultural está siendo progresivamente considerada como un factor positivo para promover una educación de calidad en sus centros educativos.

> No, al revés; yo, cada vez que he hablado con ellos, los he visto muy receptivos. Yo siempre lo pongo como ejemplo, porque no es muy normal que todo el mundo sea receptivo.
>
> (Entrevista a una profesora de Aula temporal de adaptación lingüística)

En efecto, las competencias interculturales no solamente tienen que ver con el simple hecho de aceptar y reconocer la importancia de la diversidad cultural, también tienen una dimensión afectiva de valores de cercanía y respeto hacia el alumno inmigrante y su familia como elemento clave en el establecimiento de relaciones de confianza que promuevan un clima de respeto e igualdad en el centro educativo.

> Ellos ven que tú muestras cercanía y respeto... Así como si tú te paras en la calle y hablas con ellos. Porque de alguna manera el prototipo que existe de directora es que es una persona que parece que está sobre un pódium, o que está por encima. Pero a mí ese tema no me sirve, no soy así; así que, desde que entro en el colegio, yo sé que mi trabajo es servir a los demás, pero sobre todo soy una persona. Y desde que entro al colegio me voy encontrando a madres, gitanas, judías, musulmanas..., de todos los colores, y me voy parando con todas, voy oyendo sus problemas, y quiero escuchar las cosas que me quieren contar.
>
> (Entrevista a una directora de CEIP)

Dicho esto, nos gustaría apuntar ahora algunas propuestas pedagógicas derivadas precisamente de la necesidad de mejorar la comunicación y la competencia intercultural del profesorado atendiendo a la necesidad de generar procesos de reflexión sobre la cultura de la diversidad en la escuela (Essomba, 2008):

- Potenciar la autoestima de los alumnos/as inmigrantes, ayudándoles a desarrollar la confianza en su habilidad para progresar en sus relaciones con compañeros de clase y con el profesorado.
- Facilitar a todo el alumnado de las escuelas interculturales el desarrollo y la puesta en práctica de las habilidades de conocimiento y el respeto a la diversidad cultural.
- Favorecer la interacción y la comprensión cultural y social de todos los alumnos/as y sus familias a través del desarrollo de una perspectiva amplia de educación en valores democráticos.
- Proporcionar al alumnado inmigrante ayuda y comprensión para desarrollar el conocimiento, las actitudes y las habilidades necesarias para mantener, siendo conscientes críticamente de su identidad individual y cultural, sus raíces culturales sin olvidar la importancia de su integración plena en la sociedad de acogida, a través del aprendizaje crítico de referentes éticos, sociales y emocionales que le permitan mejorar sus expectativas educativas y sociales.

A la luz de estas propuestas, nos parece necesario indagar en un modelo educativo intercultural e inclusivo que englobe los aspectos positivos de los distintos enfoques que hemos estudiado en el presente trabajo. En este sentido, estamos de acuerdo con Jordán (2007) y Soriano (2008), en la necesidad de ir construyendo un modelo inclusivo de acción educativa para las escuelas interculturales y, en términos generales, para todas las escuelas sin ningún tipo de excepción. Entre las principales características que pueden definir este modelo, proponemos las siguientes (Leiva, 2010):

- El profesorado debe promover actitudes democráticas, solidarias y críticas.
- Todos los alumnos y todas las familias merecen y deben ser tratados en calidad de personas reconociendo la legitimidad de la diferencia personal y cultural como un valor y una riqueza para el colectivo social.
- La comunidad educativa necesita reflejar y legitimar la diversidad cultural, lingüística y étnica existente en su contexto socioeducativo.
- El currículum y los materiales didácticos deben presentarse desde diferentes perspectivas culturales, sobre conceptos, procedimientos y valores.

- Tanto el profesorado como el alumnado necesitan adquirir competencias interculturales para la mejora de la convivencia y la gestión positiva de los conflictos interculturales.
- Los equipos directivos pueden y deben impulsar la participación activa de todas las familias y agentes educativos del contexto escolar.
- La comunidad educativa requiere de todos los apoyos sociales y escolares disponibles para entender la diversidad cultural como una riqueza y no como un problema.
- El docente debe convertirse en creador y recreador de materiales curriculares interculturales, formándose en estrategias educativas interculturales inclusivas y creativas, así como en destrezas socioemocionales de afrontamiento de los conflictos interculturales.
- Todos los agentes educativos deben propiciar valorar la diferencia cultural como una oportunidad para aprender, así como para debatir y ser críticos con los elementos constitutivos de las diferentes culturas.
- El espacio educativo debe impregnarse de significados interculturales propiciando la generación de elementos comunes que sirva de unión en la diversidad cultural.

2.7 Conclusiones

Nuestra propuesta va en la línea de construir una educación intercultural inclusiva donde el proyecto educativo de centro (PEC) se haga, no desde una perspectiva técnica o administrativa, sino básicamente crítica y transformadora con la participación e implicación de alumnos, familias y entidades sociales en el marco de la comunidad educativa. Como plantea Essomba (2008), se trataría de *naturalizar* la presencia y la relación educativa del profesorado con el resto de agentes de la comunidad educativa desde un enfoque de simetría participativa, es decir, que estas entidades y organizaciones sociales del barrio concretasen su representación y acción en la escuela a través de una comisión o un consejo que permitiese la actualización curricular permanente.

También, resulta ineludible afirmar que la formación del profesorado en educación intercultural es básica para llevar a buen término los objetivos propuestos por la misma. Esta formación no puede ir exclusivamente dirigida al colectivo docente sino a toda la comunidad educativa, y es que todos somos piezas claves y singulares para el avance hacia la interculturalidad. Esta formación intercultural tiene que estar ajustada y contextualizada a la realidad profesional que los docentes viven cada día en sus aulas y escuelas. El profesorado de hoy no debe valorar positivamente los conocimientos teóricos sobre interculturalidad de manera aislada, sino que estos conocimientos de formación intercultural deben estar vinculados y relacionados dentro de una metodología participativa donde juegue un papel clave la simulación y la formación práctica con el estudio de casos particulares de conflictos o de situaciones de interculturalidad en la convivencia. Y es que, si pretendemos construir aulas y escuelas interculturales porque creemos que es en sí mismo un propósito ineludible al que debe responder hoy en día la vida de todos los centros educativos, es imprescindible asumir la diversidad como algo positivo y enriquecedor para la propia convivencia social y educativa (Leiva, 2008). Y es que, en definitiva, la diversidad es lo común, y lo común es la diversidad. Aplicado a la educación, esto nos lleva a indagar más si cabe en la riqueza de la humanidad y en el necesario desarrollo de metodologías y acciones educativas inclusivas e interculturales.

La escuela intercultural debe ser un espacio privilegiado de vida cultural de la comunidad. Es decir, los colegios e institutos de un barrio deben constituir centros generadores de participación comunitaria. La escuela intercultural e inclusiva debe apostar claramente por la transformación crítica de la realidad que le ha tocado vivir, debe servir como canal para diversas expresiones éticas y culturales (Montón, 2004). En este punto, podemos afirmar sin miedo a equivocarnos que el siguiente paso de la interculturalidad debe ser la generación en la escuela de un debate en torno a la cultura de la diversidad. Es decir, se debe pasar de los procesos de enfatización positiva de la diferencia cultural a la valoración global de una cultura de la diversidad que, en sí misma, posibilite una escuela más democrática, equitativa, solidaria y crítica. La escuela no solo debe generar conocimiento significativo, también ciudadanía crítica e intercultural, de ahí la importancia de que los centros educativos superen los reduccionismos y se abran sin temor a su apertura a toda la comunidad (Puigvert y otros, 2006).

La apertura a la comunidad social es un componente fundamental de la interculturalidad desde una perspectiva comunitaria, donde el eje transversal de las iniciativas educativas denominadas interculturales sea la convivencia. Aprender a ser y a convivir deben ser pilares básicos en estrategias didácticas generadoras de espacios educativos donde la formación intercultural sea responsabilidad de la comunidad escolar en su conjunto. De ahí la necesidad de aunar esfuerzos y vínculos socioculturales entre la escuela y todo tipo de instancias y asociaciones sociales que también quieran participar y corresponsabilizarse de acciones educativas que construyan interculturalidad desde esa visión holística, donde familias, alumnado y profesorado pueden y deben ir tejiendo redes de significado intercultural compartido. Esto implica convertir la escuela en un motor crítico de cambio y de innovación curricular y social, por lo que es fundamental interculturalizar las relaciones interpersonales y el propio curriculum desde el respeto a la legitimidad personal y a la diferencia cultural como una riqueza comunitaria de extraordinario valor educativo.

De manera más operativa proponemos los siguientes elementos de reflexión pedagógica a modo de claves que pueden promover una interculturalidad generadora de espacios de convivencia positiva:

- Implicar a toda la comunidad educativa en el proceso de planificación de las actividades interculturales dando prioridad a aquellas donde sea ineludible la participación de las familias inmigrantes y autóctonas.
- Fundamentar la práctica educativa intercultural en un diálogo abierto, creativo, cooperativo, participativo y constante entre los distintos miembros de la comunidad educativa facilitando así espacios atractivos para la participación de las familias y materializando en el Proyecto Educativo de Centro las distintas propuestas en materia de interculturalidad.
- Promover la aceptación, el reconocimiento y el aprovechamiento educativo y social de la diversidad cultural en el proyecto educativo del centro.
- Indagar sobre las actitudes y los valores educativos que legitiman las acciones educativas interculturales en el aula y en el centro en su conjunto incluyendo expresamente la interculturalidad en el Plan de Orientación y Acción Tutorial así como en las Programaciones de Aula del Profesorado del centro educativo.
- Incorporar de manera crítica en los proyectos educativos de tipo transversal (paz, coeducación, TIC, etcétera) aspectos de diversidad cultural e interculturalidad a partir del consenso y compromiso de todos los agentes educativos.

- Impulsar la motivación, la implicación, el interés y el compromiso del alumnado en el desarrollo práctico de la interculturalidad a partir de dinámicas educativas participativas, tanto presenciales como virtuales.
- Mejorar la imagen social de la diversidad cultural como elemento positivo de encuentro y aprendizaje, y no como algo que influya negativamente en la convivencia escolar.
- Incrementar la formación intercultural de todos los agentes de la comunidad educativa, especialmente del profesorado, en diseños participativos de investigación y experimentación en centros, así como de las familias autóctonas e inmigrantes en grupos y seminarios de discusión y escuelas de padres.
- Capacitar al alumnado para la superación de estereotipos y prejuicios racistas iniciándoles en actitudes y competencias interculturales que les ayuden a situarse y desarrollarse adecuadamente en el marco de una sociedad que ya es multicultural, multilingüe e idealmente intercultural.

En definitiva, es imprescindible la intervención en términos de cooperación y confianza de todos los agentes educativos para propiciar una convivencia intercultural que contemple la necesidad de pasar de una diversidad cultural ya conocida a una cultura de la diversidad por conocer. Y es que, compartimos plenamente la idea de que «una educación inclusiva solo es viable si se tejen amplias y sólidas redes de colaboración e interdependencia de todos los niveles y entre todos los actores implicados» (Echeita y otros, 2004: 50). Esto significa que es necesario abrir la educación a la comunidad y la comunidad a una educación que debe dirigirse a todas y a todos sin ningún tipo de excepción. Los principios pedagógicos de la convivencia intercultural son los mismos que construyen una pedagogía inclusiva basada en la confianza y en la cooperación como baluartes de un aprendizaje donde la diferencia es vista como un valor y no como algo negativo que dificulte el entendimiento y el desarrollo educativo. Más bien al contrario, estamos de acuerdo con López Melero (2004: 115) cuando expresa que en todas las escuelas del mundo debería existir un letrero que dijera que la escuela es el escenario donde se «garantiza el despertar de la curiosidad y el deseo de aprender a cualquier niño o niña, con independencia de sus condiciones personales y sociales, de sus características étnicas, de género, de hándicap, lingüísticas o de otro tipo».

La convivencia intercultural requiere del diseño de proyectos educativos comunitarios que atiendan no solo a la escuela, sino también a su entorno social. Como apunta Flecha (2010), es la comunidad educativa la que tiene que iniciar el proyecto educativo intercultural con el compromiso de todos los agentes de la comunidad escolar. Esto es realmente lo que implica la transformación de una escuela en una comunidad de aprendizaje (Valls y otros, 2002). No se trata de un proceso de transformación tecnológica o de incorporación acrítica a un nuevo espacio de encuentro cultural, sino que el hecho de participar en un proceso de toma de decisiones es un elemento de formación intercultural en educación democrática y comunitaria tanto para el alumnado como para el profesorado y, por supuesto, para las familias y el resto de agentes de la comunidad educativa, que supone vivir la escuela y la interculturalidad como una oportunidad para generar convivencia y ciudadanía intercultural.

Bibliografía

Aguado, T. (2003). *Pedagogía intercultural.* Madrid: McGraw-Hill Interamericana.

Aubert, A. y otros (2008). *Aprendizaje dialógico en la sociedad de la información.* Barcelona: Hipatia.

Banks, J. A. (2005). *Democracy and diversity: Principles and concepts for educating citizens in a global age.* Seattle: Center for Multicultural Education.

— (2008). «Diversity, Group Identity and Citizenship Education in a Global Age». *Educational Researcher,* 37 (3), pp. 129-139.

Bartolomé, M. (2002). *Identidad y ciudadanía: un reto a la educación intercultural.* Madrid: Narcea.

Echeita, G. y otros (2004). «Educar sin excluir», *Cuadernos de Pedagogía,* 331, pp. 50-53.

Essomba, M. A. (2006). *Liderar escuelas interculturales e inclusivas. Equipos directivos y profesorado ante la diversidad cultural y la inmigración.* Barcelona: Graó.

— (2008). *La gestión de la diversidad cultural en la escuela: 10 ideas clave.* Barcelona: Graó.

Flecha, R. (2010). «Prácticas educativas que fomentan la inclusión. Conclusiones del Proyecto Includ-ed». *Actas del Simposio de Diversidad cul-*

tural y escuela: el desarrollo de la competencia intercultural. Badajoz: Universidad de Extremadura.

García, J. A.; Goenechea, C. (2009). *Educación intercultural. Análisis de la situación y propuestas de mejora*. Madrid: Wolters Kluwer.

Irvine, J. J. (2003). *Educating teachers for divesity: Seeing with a cultural eye*. Nueva York: Teachers College Press.

Jordán, J. A. (1999). «El profesorado ante la educación intercultural». En: M. A. Essomba (coord.) *Construir la escuela intercultural. Reflexiones y propuestas para trabajar la diversidad étnica y cultural* (pp. 65-73). Barcelona: Graó.

— (2007). «Educar en la convivencia en contextos multiculturales». En: E. Soriano, *Educación para la convivencia intercultural* (pp. 59-94). Madrid: La Muralla.

Leiva, J. (2007). *Educación y conflicto en escuelas interculturales*. Málaga: Spicum.

— (2008). «La escuela como espacio privilegiado para el desarrollo de la educación intercultural: el compromiso de los profesores». *Campo Abierto*, 27 (1), pp. 13-35.

— (2010). «Práctica de la interculturalidad desde la perspectiva docente: análisis y propuestas pedagógicas». *Cultura y Educación*, 22 (1), pp. 67-84.

López Melero, M. (2004). *Construyendo una escuela sin exclusiones*. Archidona (Málaga): Aljibe.

Merino, D. (2004). «El respeto a la identidad como fundamento de la educación intercultural». *Teoría de la educación*, Vol. 16, pp. 49-64.

Montón, M.ª J. (2004). *La integración del alumnado inmigrante en el centro escolar*. Barcelona: Graó.

Rascón, M. (2006). *La construcción de la identidad cultural desde una perspectiva de género: el caso de las mujeres marroquíes*. Málaga: Spicum.

Ruiz, C. (2005). *Identidades transculturales: los procesos de construcción de identidad de los hijos inmigrantes marroquíes en España*. Málaga: Spicum.

Sabariego, M. (2002). *La educación intercultural ante los retos del siglo XXI*. Bilbao: Desclée de Brouwer.

Santos Rego, M. A. (2009) *Políticas educativas y compromiso social. El progreso de la equidad y la calidad*, Barcelona: Octaedro.

Sleeter, C. E. (2005). *Un-standardizing curriculum: Multicultural teaching in the standards-based classroom*. Nueva York: Teachers College Press.

Soriano, E. (2008). *Educar para la ciudadanía intercultural y democrática*. Madrid: La Muralla.

— (2009). *Vivir entre culturas: una nueva sociedad.* Madrid: La Muralla.

Valls, R. y otros (2002). *Comunidades de aprendizaje. Transformar la educación.* Barcelona: Graó.

Vera, J. (coord.) (2008). *Propuestas y experiencias de educación intercultural.* Madrid: Fundación Santa María.

3. La educación familiar ante los flujos migratorios: complejidad y gestión del cambio

Mar Lorenzo Moledo,
Miguel A. Santos Rego.
Universidad de Santiago de Compostela

3.1 Introducción

Hasta hace pocos años era clara la existencia de países netamente emigrantes (Peña y Rodríguez, 1996; Santos Rego, 1997; Santos Rego y Lorenzo Moledo, 2003) y de otros receptores de personas que buscaban mejorar su calidad de vida y la de sus familias. Sin embargo, actualmente los hay que son, a un tiempo, de inmigración y de emigración. Este es nuestro caso, tanto en España en general como, particularmente, en Galicia, en cuyas circunstancias podría representarse con más detalle la paradoja migratoria (más aguda en esta era de globalización), dada la coexistencia de las inmigraciones con las emigraciones hacia dentro y también hacia fuera de España (Izquierdo, 2008).

Aunque la búsqueda de mejores hábitats de vida es tan vieja como el hombre y, por lo tanto, los desplazamientos son inherentes al género humano, los movimientos de población al final del siglo XX y comienzos del XXI son una expresión más de las diferencias nortesur y de las muchas violaciones de los derechos humanos en diferentes zonas del planeta. Como afirma un destacado politólogo, «las migraciones debían considerarse como un movimiento *natural* de la población tan inexorable como su proceso de crecimiento, su envejecimiento, su organización familiar o su inculturación» (Barreiro Rivas, 2008: 27).

Pasamos, pues, de sociedades de vieja inmigración a sociedades de nueva inmigración, con la consiguiente transformación de los trabajadores extranjeros invitados de las primeras en los residentes permanentes de las segundas. La presencia cada vez más evidente de extranjeros junto con el cambio producido en sus proyectos migratorios se refleja con claridad en las aulas de nuestras escuelas, donde la presencia de alumnado procedente de la inmigración mantiene una tendencia al alza, lo que está ayudando a paliar la mengua constante en el número de matrículas por parte del alumnado autóctono. Todo ello supone, entre otros asuntos de calado social, una reformulación del Estado de bienestar (ver Solé, 2005).

Que nuestro país ha experimentado una profunda transformación en su configuración humana y social merced al progresivo impacto de la inmigración es algo incontrovertible a estas alturas del siglo XXI. La rapidez de su crecimiento y la solidez de su presencia en los más diversos ámbitos de la vida civil y de la fuerza laboral (alcanzando, en la práctica, un 12% del total de la población), da idea del flujo de personas que han pensado o siguen teniendo a España como meta de su proyecto migratorio. Los datos publicados por Eurostat (<http://epp.eurostat.ec.europa.eu/>) indican que España fue el país de la Unión Europea que recibió más inmigrantes extranjeros en 2006, acercándose a los 803.000, seguido de Alemania (558.467) y Reino Unido (451.702); dos países que, a diferencia del nuestro, cuentan con una amplia experiencia en la recepción de flujos migratorios, entre los que destacaron, en los años 60 y 70, los que arribaban desde España y, más concretamente, desde Galicia (Santos Rego, 1997).

En los flujos migratorios contemporáneos concurren una serie de circunstancias (redes sociales, feminización, proyecto migratorio y de retorno, expectativas acerca de los hijos, cambios en las relaciones de pareja, etc.) que convierten a la familia en foco principal de atención comprensiva en relación con dimensiones no solo cuantitativas, sino también cualitativas de esos mismos flujos, de sus coordenadas socioculturales y de las dinámicas interactivas que modulan las pautas de vida de estas personas en el país de acogida (Santos Rego y Lorenzo Moledo, 2009: 279). La familia es, a todas luces, institución primordial de organización y estructura social, independientemente de su anclaje geográfico, que experimenta de forma directa el impacto de la inmigración.

La familia, sujeta a los vaivenes de la globalización, sufre episodios de crisis económica, procesos de ajuste, reestructuración y apertura al mercado externo, debiendo adaptarse a las cambiantes condiciones sociales, políticas y económicas de cada momento. Las familias actuales

> Se forman en el contexto de las migraciones globales fuertemente influenciadas por la estigmatización, las restricciones y controles de los flujos migratorios en unos casos; en otros, se forman en el marco de las teorías cosmopolitas, transnacionales, de un mundo sin fronteras cuando do existen recursos para subsistir, también se forman en el contexto del cambio significativo de la percepción de las distancias y del tiempo.
>
> (RODRÍGUEZ MARCOS, 2006: 99)

Los nuevos movimientos de la población mundial se caracterizan por una mayor diversidad étnica, de clase y de género, por lo que se nos hace cada vez más difícil trazar un único perfil de emigrante teniendo en cuenta su salida, su instalación y, en todo caso, su retorno. Si indagamos en dimensiones como la motivación para emigrar a un destino concreto, los planes de consolidación en el mismo y las expectativas de retorno, la sombra de la familia crece en nitidez.

3.2 La familia, pieza clave en el proceso y el proyecto migratorio

La familia es, pues, la clave de muchos de los movimientos migratorios recientes hacia las naciones más desarrolladas. Desaparecido el antaño imperante modelo de las migraciones en las que un hombre, relativamente joven, emigraba solo dejando atrás mujer e hijos, hace ya bastantes años que la migración se ha venido asumiendo como una estrategia familiar cuyo *leit motiv* no es otro que el de hacer frente a situaciones adversas o poner las bases constructoras de un proyecto familiar de más amplio alcance.

El conjunto familiar influye en la decisión de migrar a través de una doble vía: por una parte, en la elección del miembro idóneo, puesto que el desplazamiento de la familia suele ser posterior. Esa elección recae siempre en la persona con mejores condiciones de salud, capacidad, posibilidades de inserción laboral, etcétera, ya que en la migración se produce un proceso selectivo; y, por otra parte, es frecuente la participación en la financiación del traslado, gracias al ahorro del núcleo familiar, a la venta de bienes comunes o a préstamos de parientes. La influencia de familiares y compatriotas es decisiva, con lo que la migración deja de ser vista simplemente como decisión racional de un individuo para ser asumida como una estrategia de grupos familiares de amistad o de vecindad. En este nuevo contexto los miembros de la familia deben redefinir sus roles (ver Solé, 2007).

En el país de destino, es indudable que las redes de apoyo familiar y de amigos permiten amortiguar situaciones de incertidumbre y de exclusión para ir solventando el día a día (*natural helpers*). En lo que respecta a las migraciones internacionales, cuanto más establecidas se encuentren las redes, mayores oportunidades tendrá el inmigrante en la nueva sociedad. En tal sentido, conviene atender a los estudios que han mostrado la relación entre redes sociales de igual o similar origen étnico y el rendimiento educativo del alumnado inmigrante (cfr. Álvarez de Sotomayor, 2008; Zhou y Kim, 2006).

Las redes migratorias son lazos sociales que vinculan a inmigrantes y no inmigrantes en una compleja red de roles sociales complementarios y relaciones interpersonales que juegan un papel primordial en el asentamiento y en la integración social y laboral en el lugar de llegada (a veces los nuevos inmigrantes llegan con el trabajo apalabrado por algún familiar suyo, especialmente las mujeres),[3] reduciendo costes y riesgos (sobre todo para los inmigrantes «sin papeles», condenados administrativamente a la marginalidad social).

Aunque se trate de un proyecto migratorio propio y no de una reagrupación familiar, en cualquier testimonio aparece siempre alguna relación de parentesco, amistad o referencia concreta a la que acudir; es decir, no se opta por emigrar a un destino cualquiera, sino que la decisión depende de la red de contactos, informaciones, recursos, etcétera, constituida por familiares, amigos y compatriotas (Carrasquilla y otros, 2005). Así lo demuestran los datos procedentes de los estudios de encuesta realizados en 2006, 2007 y 2008 sobre la situación de la población inmigrante en Galicia[4] con una muestra anual de 1.000 sujetos. Mayoritariamente (el 80% en el último estudio), las personas

---

3. El caso de las *housecleaners* brasileiras en la región de Boston evidencia el funcionamiento de este tipo de redes. Para una información detallada del trabajo de *housecleaning* entre inmigrantes brasileiras, ver Fleischer, 2000.

4. Informes realizados por el Grupo de Investigación Esculca de la USC (<www.usc.es/esculca>), al que pertenecen los autores, para la *Secretaría Xeral de Análise e Proxección,* de la Xunta de Galicia. Informes no publicados.

que respondieron al cuestionario afirman que Galicia era el destino inicialmente elegido para quedarse, aunque buena parte de ellos tenía un nulo conocimiento de la cultura y la sociedad gallegas. Solo un pequeño porcentaje vino a parar aquí por distintas razones, aunque esta no era su primera opción (ver Lorenzo Moledo y otros, 2008).

De hecho, creemos que uno de los motivos de esta elección radica en la presencia de familiares o amigos viviendo en alguna de las provincias gallegas: el 40% ya contaba con familiares aquí (básicamente, hermanos, sobrinos, cuñados, primos, tíos...), sobre todo entre los latinoamericanos; el 21% tenía amigos, presencia más importante entre el colectivo de la UE y el africano; y el 9% contaba tanto con familiares como con amigos. Únicamente el 29% carece de estos referentes. La presencia de familiares es más importante entre las mujeres, mientras que la de amigos tiene más peso en la muestra masculina.

El funcionamiento de estas relaciones se asocia a las seculares cadenas migratorias que tienen una evidente plasmación espacial (Massey y otros, 1998). Bastaría con recordar la concentración de los emigrantes gallegos en determinadas zonas de Nueva York (Queens) o Nueva Jersey (Newark) o en barrios de la periferia de París, Londres, Bruselas o de otras ciudades europeas para entender la dinámica de las redes migratorias. En la concentración de grupos de idéntica procedencia en barrios concretos o en determinados municipios y comarcas españolas, aparecen claramente vinculaciones de parentesco y paisanaje.

A pesar de la importancia demostrada por la funcionalidad de los vínculos de amistad y vecindad, la familia es, sin lugar a dudas, la base sobre la que se sustentan los lazos más fuertes tanto en la conformación de redes migratorias, como en el mantenimiento de los vínculos una vez se ha producido el asentamiento en la sociedad de destino.

Como ya hemos comentado, las migraciones son más un proceso familiar/social que el resultado de una decisión individual. Así, como afirma Malgesini (1998: 24), recogiendo la perspectiva de varios autores,

Las migraciones pueden, a través del flujo de remesas de los inmigrantes, constituir parte de una estrategia colectiva combinada, destinada a reducir riesgos y restricciones en la sociedad natal. En un hogar determinado, algunos miembros pueden trabajar en el mercado local y otros pueden ser enviados al exterior donde obtendrán un nivel de ingresos o –especialmente en los países con alta inflación y continuas devaluaciones– salarios en una divisa más fuerte o con un poder adquisitivo estable. Sus remesas podrán amortiguar los cuellos de botella de una economía familiar con fuerte sesgo estacional –como la agrícola–, representar una fuente de crédito para proyectos nuevos, o simplemente complementar los desniveles en la renta que impiden la continuidad de actividades sistemáticas, como la educación, el tratamiento médico o el pago de una vivienda, para los que se carece de seguros o subsidios.

Ha de tenerse muy presente, por lo tanto, que las familias actúan como fuerza motora dentro del proceso migratorio. Así, todo proyecto migratorio es, al tiempo, una estrategia familiar dirigida a la búsqueda de trabajo, mejora del que ya se tiene, o simple apuesta por mejores perspectivas de vida para la descendencia. Tratar de reducir el riesgo de pauperización en el país de origen (Aguirre, 2003) se convierte en el móvil principal de los desplazamientos.

En efecto, la razón de más peso para emigrar es el trabajo, seguida de la familia. Sin embargo, detrás de esto hay diferencias de grado en cuanto al género y a la nacionalidad (Izquierdo, 2000). Los hombres señalan, con mayor contundencia que las mujeres, las razones económicas y la búsqueda de trabajo como las dos principales razones para emigrar (prioritarias en los dos grupos), mientras que ellas los aventajan en la reagrupación familiar como tercera opción. Entre los que emigran por motivos económicos sobresalen los sujetos que vienen de algún país de la UE o de África, que son también los más representados entre los que emigran buscando trabajo, mientras que el perfil de la reagrupación familiar se reserva más para los latinoamericanos (ver Lorenzo Moledo y otros, 2008).

3.3 Transnacionalismo y migraciones: lazos familiares permanentes

Asistimos, por lo tanto, a la configuración de lo que algunos han llegado a denominar *espacios sociales transnacionales* (Pries, 1998), concepto que alude a la pervivencia de las relaciones con el país de origen, y a la posibilidad de conservar los rasgos característicos de la cultura autóctona. Dicho de otra forma y con las mismas palabras del investigador citado, «por espacios sociales transnacionales entendemos aquellas realidades de la vida cotidiana que surgen esencialmente en el contexto de los procesos migratorios internacionales, que son geográfica y espacialmente difusas o desterritorializadas y que, al mismo tiempo, constituyen un espacio social que, lejos de ser puramente transitorio, constituye una importante estructura de referencia para las posiciones y los posicionamientos sociales que determina la praxis de la vida cotidiana, las identidades y los proyectos biográficos (laborales) y que, simultáneamente, trasciende el contexto social de las sociedades nacionales» (Pries, 1998: 34).

Ahora bien, no podemos hablar de espacios sociales transnacionales sin referirnos a dos términos estrechamente vinculados[5] como son, por una parte, la noción de *transnacionalismo* y, por otra, el concepto de *transmigrante* (Glick, Basch y Blanc-Szanton, 1995).

El transnacionalismo es el conjunto de procesos a través de los cuales los inmigrantes forjan y mantienen múltiples relaciones sociales entrelazadas que posibilitan el mantenimiento de los vínculos entre las sociedades de origen y de asentamiento. Así pues, a través de la continua circulación de individuos, bienes, capitales e información, hemos entrado en una dinámica transnacional en la que las personas llegan, de una u otra manera, a cada rincón del planeta superando, por lo tanto, las que antes eran poco menos que infranqueables fronteras del estado-nación. Hasta el punto de que la migración internacional ha pasado a concebirse como un fenómeno social que condiciona el surgimiento de realidades cualitativamente diferentes, sobrepasando los habituales arraigos espaciales de la región de llegada y destino (Pries, 1998).

Por otra parte, lo que refleja el concepto de *transmigrante* es la realidad de aquellas personas vinculadas a unidades familiares localizadas en dos o más Estados, manteniendo, en consecuencia, relaciones sociales y económicas en varios contextos, implicándose en comunidades de su país de origen y de destino, con enraizamiento en más de una cultura, y viviendo su doble o triple pertenencia como una nueva forma de ciudadanía.

Al respecto, Lamela (2004) aventura sobre la posibilidad de que las actividades transnacionales sigan siendo minoritarias en la vida de la mayoría de los migrantes, ya que para que las migraciones in-

---

5. Otros términos derivados de esta nueva perspectiva en el estudio del fenómeno migratorio serían los de *circuitos transnacionales* (Rouse, 1991) y *comunidades transnacionales* (Kearney, 1986; Glick, Basch y Blanc-Szanton, 1995; Durand, 1995), en los que se subraya la rapidez en la fluidez de ideas, información y personas.

ternacionales sean transnacionales deben generar o mantener espacios o comunidades en las que operen códigos culturales y normas asociadas[6] a sociedades nacionales distintas, y atribuye la sobreestimación del transnacionalismo al empleo de método etnográfico. Sin embargo, tomando como referente uno de los componentes esenciales de las familias transnacionales como son las remesas económicas, nos encontramos con que el 50% de los inmigrantes en Galicia envían dinero a su familia o país de origen con una periodicidad mensual (52,1%) (Lorenzo Moledo y otros, 2008), por lo que es fácil advertir la importancia de las relaciones transnacionales en la vida de estas personas.

Por todo lo dicho, contemplamos las redes constituidas como microestructuras de migración, puesto que aligeran el desplazamiento entre distintas regiones y le confieren cierta autonomía. En este sentido, es claro que el hecho de poder contar con el apoyo de otras personas y, en su caso, de instancias cívicas, en el país de llegada facilita las primeras etapas del proceso migratorio. Los inmigrantes que viven en Galicia (68,4%) contaron con apoyos de familiares (46%) y de amigos o conocidos (17,9%) para entrar pero, sin embargo, los sindicatos o los movimientos asociativos de inmigrantes apenas han contribuido a la entrada. Además, nos llama la atención que el 57,9% no acudió nunca a los servicios sociales de su ayuntamiento (Lorenzo Moledo y otros, 2008). Según el Barómetro del CIS de septiembre de 2010 (Estudio 2844), los españoles confiamos en la familia (media de 8,70 sobre 10) más que en cualquier otro grupo u organización (vecinos, organizaciones religiosas, organizaciones de ayuda o voluntariado, servicios sociales públicos o compañeros de trabajo/estudio) para recibir ayuda en caso de necesitarla (<www.cis.es>).

Siguiendo a Santos Rego y otros (2004), podemos afirmar que el proceso migratorio va más allá del ciclo vital y abarca diversas fases que sobrepasan la biografía individual:

- Una primera, caracterizada por la necesidad de resistir física y psíquicamente en condiciones de vida duras.
- La segunda, en la que se produce el reagrupamiento familiar, con gran impacto socializador entre adultos, jóvenes y pequeños.
- La siguiente estaría protagonizada por la llegada de los hijos a la

---

6. Ojeda (2005) diferencia entre familias transnacionales y familias transfronterizas, y considera que las primeras no tienen un condicionante espacial único.

adolescencia. Precisamente ahí pierde relevancia la categoría «inmigrante», pues lo que va despuntando con fuerza en la descendencia son las cuestiones cercanas a la identidad individual *vs.* identidad grupal.

- El ciclo se cierra con el emparejamiento estable de los hijos y la constitución de nuevas unidades domésticas.

Es evidente que los lazos familiares ejercen una gran influencia en la conformación de redes migratorias desde el país de origen hacia el de destino. Las redes primarias, afectivas y más próximas, son los vínculos preferidos para efectuar este cambio, a menudo irreversible, de modo de vida (Santos Rego y otros, 2004). Tiene razón Criado (2001) cuando sostiene que la circunstancia de ser familia establece una nítida línea de demarcación en el conjunto inmigrante, que alcanza tanto al momento puntual del tiempo presente, como a la elaboración de estrategias y a su proyección de futuro.

Además de protagonizar la mayor parte de los avatares que implica la inmigración, la familia constituye el espacio en el que suelen manifestarse los modelos de referencia social y cultural, aportados tanto por sus miembros como por la sociedad receptora, y derivados, fundamentalmente, del contacto entre autóctonos y alóctonos. En este sentido, al entender las familias migrantes como ejes conectores entre culturas y mundos diferentes, nos encontramos nuevamente con el concepto de transnacionalismo, puesto que favorecen la creación de una cierta cultura de la emigración, entendida ésta como un conjunto de pautas de consumo, valores, actitudes y contactos que contribuyen a la perdurabilidad de estos movimientos humanos.

En este marco, la cultura migratoria disfruta de una difusión sin precedentes, por lo que no debe extrañarnos que la emigración haya dejado de contemplarse como una decisión temporal. Lo cierto es que las investigaciones realizadas al respecto apuntan al establecimiento prácticamente definitivo de las familias inmigrantes en la sociedad receptora (Santos Rego y Lorenzo Moledo, 2003; Lorenzo Moledo y otros, 2009).

El incremento de los estudios que analizan la inmigración focalizando su atención en los protagonistas pone de manifiesto que se ha pasado de un enfoque centralizado en sus causas y, prioritariamente, en los factores de expulsión y atracción desde el punto de vista individual, a otro en el que ganan terreno aspectos vinculados a las vivencias, expectativas y, sobre todo, a la integración de los inmigrantes y sus familias, tanto si aún no han completado el proceso de reagrupación[7] (permanecen en el país de origen) como sí lo han logrado y ya residen en el país de acogida.

La evolución experimentada por el análisis del fenómeno migratorio, que ha acrecentado el interés por la exploración de las redes migratorias, refleja no solo la diversidad de estrategias familiares, sino la participación en el proceso tanto de quienes se han embarcado en un proyecto migratorio como de quienes han permanecido en el país de origen. Y bien sabemos que tal cuestión está muy vinculada a la multiplicación de las referidas comunidades transnacionales.

Por tanto, la inmigración constituye un fenómeno individual y grupal de gran complejidad, sin una causa única y exclusiva en origen, con trayectorias y proyectos diferenciados y con repercusiones, no siempre predecibles, en los contextos de salida y de llegada. Además, no podemos pasar por alto la relevancia ejercida por los vínculos familiares, desde el comienzo del proceso migratorio, en el mantenimiento de las redes y como soporte socioemocional en el país de asentamiento. Sin embargo, debemos considerar la existencia de características específicas según la procedencia del núcleo familiar, que determina, en gran medida, aspectos como el orden de llegada de sus miembros, las expectativas de futuro, la zona de instalación y la existencia de un proyecto de establecimiento definitivo (ver Santos Rego y Lorenzo Moledo, 2003; Santos Rego y otros, 2004; Soriano, 2004; Martínez Veiga, 2004; Aparicio y otros, 2005).

---

7. El extranjero residente tiene derecho a la reagrupación de su familia. Concretamente, en el artículo 17 de la Ley Orgánica 2/2009, de 11 de diciembre, de reforma de la Ley Orgánica 4/2000, de 11 de enero, sobre derechos y libertades de los extranjeros en España y su integración social (BOE, 15/12/2009) se recogen los familiares reagrupables:

– Cónyuge o persona con la que mantenga una relación afectiva análoga. En ningún caso se podrá reagrupar a más de un cónyuge.

– Los hijos del residente o de su cónyuge menores de 18 años o personas con discapacidad.

– Menores de 18 años y los mayores de esta edad que no sean capaces de cubrir sus necesidades, cuando el residente sea su representante legal.

– Los ascendientes en primer grado del reagrupante y de su cónyuge cuando estén a su cargo, sean mayores de 65 años y existan razones que justifiquen la necesidad de autorizar su residencia en España.

Este derecho podrá ser ejercido cuando el extranjero haya obtenido la renovación de su autorización de residencia inicial, salvo en el caso de los ascendientes, que tendrán que acreditar residencia de larga duración (art. 18).

3.4 Cambios en las estructuras y dinámicas familiares

El actual proceso de integración económica impulsado por la globalización genera nuevos movimientos de la población mundial trastocando referentes básicos de la vida social. Uno de estos referentes atañe a la formación de los procesos de identidad cuyas repercusiones se dejan sentir en el mundo de la familia (Giddens, 1991); otros, a la comprensión del tiempo y el espacio y a la intrusión de valores y realidades culturales extrañas, globales, en la cotidianidad familiar (Ariza y de Oliveira, 2001). Esta nueva urdimbre de relaciones sociales está propiciando cambios tanto en la estructura como en la dinámica de las relaciones intrafamiliares de los migrantes así como en la cualidad identitaria de sus familias (Ariza, 2000a).

Podemos decir que con las migraciones internacionales las relaciones familiares se han vuelto más complejas (ver Hondagneu-Sotelo, 1994; Guarnido, 1995; Ariza, 2000b). Los procesos de transnacionalidad ayudan a dispersar los lazos familiares (Popkin y otros, 2000). Esto permite rebatir la idílica *visión parsoniana* de la familia nuclear como el modelo familiar por excelencia. La creciente presencia de hogares con dos proveedores y de familias encabezadas por mujeres contribuye a resquebrajar la hegemonía del modelo familiar nuclear patriarcal basado en el varón como proveedor exclusivo y en la mujer como ama de casa.

En este sentido, es necesario romper con ciertos estereotipos muy arraigados en torno a la división sexual del trabajo. La razón es que acaban por convertir a la mujer en un sujeto dependiente. Pero, muy al contrario, la mujer inmigrante es un agente de desarrollo económico y social (Soriano, 2006) y es, en muchos casos, el primer eslabón de la cadena migratoria. Ahí tenemos la situación de países como República Dominicana, Perú, Bolivia y Colombia, donde no es infrecuente que las mujeres sean la punta de lanza de proyectos migratorios familiares (de factura desigual); de modo que permanecen incluso como migrantes «cabeza» de familia, que logran establecer lazos transnacionales de reproducción social con sus familias y comunidades de origen. Por algo se dice que la feminización de los movimientos de personas en la escena internacional constituye un rasgo distintivo del actual proceso migratorio (Solé y otros, 2005).

Veamos lo que nos dicen las estadísticas. Mientras que los últimos datos del padrón municipal nos advierten de una fuerte presencia de varones entre los inmigrantes procedentes de África y Asia, la inmigración se torna claramente femenina en la población venida de América, destacando sobre todo América Central (ver también Reher, 2008). Esa falta de equilibrio en la tasa migratoria de las mujeres apuntaría hacia una feminización de la irregularidad pero también hacia una creciente vulnerabilidad y riesgo de exclusión social (Fundación Foessa, 2008).

Tabla 1. Población por nacionalidad y sexo en España en 2009

España	Total	Varones	Mujeres	% mujeres sobre total población
UE (27)	2.273.226	1.211.214	1.062.012	46,7%
Europa no comunitaria	223.665	103.113	120.552	53,9%
África	1.009.169	655.198	353.971	35,1%
América	1.842.913	838.974	1.003.939	54,5%
América Central	193.842	79.823	114.019	58,8%
América del Norte	52.677	24.488	28.189	53,5%
América del Sur	1.596.394	734.663	861.731	54%
Asia	296.734	182.480	114.254	38,5%
Oceanía	2.434	1.312	1.122	46,1%

FUENTE: Elaboración propia a partir del padrón municipal de 1 de enero de 2009.

Por otra parte, debemos señalar que si las personas inmigrantes constituyen uno de los sectores más vulnerables de la sociedad, las mujeres se ven sometidas a una doble discriminación (por su condición de inmigrantes y de mujeres) o, incluso, a una triple discriminación: de género, de etnia y de clase (ver Parella, 2003). La situación de discriminación y de exclusión que sufren muchas de ellas en sus países de origen sigue, en bastantes ocasiones, produciéndose en los países de acogida, a lo que ayuda sin duda, la propia regulación legal.

Detrás de estos datos se esconde también un conjunto de transformaciones sociales en los países desarrollados que afectan sobremanera al contexto familiar: la incorporación de la mujer al mercado de trabajo ha implicado no solo modificaciones en las estructuras familiares, sino también en la dinámica interna de los hogares como la aparición de roles familiares que denotan mayor equidad interna (ver Cea, 2007), el descenso de la natalidad –provocando la reducción del tamaño promedio de los hogares–, o el aumento de la esperanza de vida y, consecuentemente, el envejecimiento de la población. Esto ha provocado un cierto alargamiento (varias generaciones) o estrechamiento (pocos miembros) de las familias en nuestros contextos sociales (Rodríguez Galdo, 2001). Datos del Instituto Galego de Estatística de la Enquisa de Condicións de Vida das Familias en 2008 sitúan el número medio de personas en los hogares gallegos en 2,67 (<www.ige.eu>). En aquellos formados por personas extranjeras el número asciende a 3,36 (Lorenzo Moledo y otros, 2008). En el 30,6% de los hogares españoles viven, incluido el servicio doméstico, si duerme en casa, dos personas, en el 26,1%, tres, y en un porcentaje similar (23,1%), cuatro, situándose la media en 2,96, según informa el barómetro de septiembre de 2010 del CIS.

A todo ello, debemos sumar, en el caso español, las implicaciones de un régimen de bienestar conservador o mediterráneo caracterizado por el *familiarismo*, en el que el Estado considera a la familia como un ámbito privado en el que se deben resolver los conflictos familiares derivados de la compatibilización familiar y laboral (Esping-Andersen, 2000; ver también Esping-Andersen, 2007).[8]

Sin embargo, a diferencia de otros países conservadores en el propio continente, caso de Austria, Alemania o Francia, en los países del sur de Europa se ha mantenido un reducido gasto en la familia (Moreno, 2007). A juicio de Navarro (2006), la dependencia y solidaridad familiar (*familiarismo*) en España son el resultado de una limitada política de protección familiar.

Para Moreno (2007), la estructura del mercado de trabajo, la escasa *desfamiliarización*, el mercado en materia de política familiar y las limitadas políticas de compatibilización laboral y familiar han propiciado que la emancipación de la mujer se haya producido en el interior de la familia y no fuera de ella, debido a que se han externalizado de forma muy limitada los servicios familiares y, por tanto, la participación laboral de la mujer con cargas familiares es muy reducida en comparación con otros países europeos. Esta situación genera nuevas necesidades en el marco familiar. Se necesita sustituir el trabajo reproductivo de las mujeres en el hogar de tal modo que son muchas las mujeres extranjeras las que acaban ocupándose

---

8. Esping-Andersen (2000) clasifica los estados de bienestar en función del grado de familiarismo y desfamiliarización. Para este autor (2000: 66) un estado de bienestar familiarista es el que asigna un máximo de obligaciones de bienestar a la unidad familiar; la desfamiliarización alude a aquellas políticas que reducen la dependencia individual de la familia, que maximizan la disponibilidad de recursos económicos por parte del individuo independientemente de las reciprocidades familiares o conyugales.

del cuidado del hogar, de los niños y de los ancianos. Esto genera, a su vez, transformaciones en la familia de la mujer que migra, ya que su trabajo reproductivo también debe ser asumido por otras mujeres, normalmente de su misma familia, llegándose incluso a realizar algún contrato. La «liberación» de muchas mujeres se produce a costa de la «opresión» de otras. Lo que ocurre, finalmente, es una transferencia internacional del trabajo reproductivo, fenómeno que se conoce como «internacionalizacion de la reproducción» (Parella, 2003), lo que da lugar a las que se han bautizado como *cadenas internacionales del cuidado* o cadenas mundiales de afecto y asistencia.

3.5 Visualización de la mujer y cambios en la vida familiar

Visto lo visto, no nos pueden extrañar los nichos laborales de estas mujeres. El sector servicios engloba la mayor parte de los más de 2,5 millones de extranjeros que, según datos de la EPA, estaban ocupados en España en el cuarto trimestre de 2009, aunque en menor proporción que a los españoles. En este sector, las mujeres extranjeras están más representadas que los hombres y que las autóctonas. Si pasamos, sin embargo, a analizar las cifras de afiliación a la Seguridad Social, aunque la pérdida de afiliación que sufrieron los trabajadores extranjeros en 2009 fue, en términos proporcionales, similar a la de los españoles o del conjunto de la población, los primeros concentraron su pérdida en el régimen general (8,4% frente al 3,8%), el que se considera superior en derechos, y en el de autónomos (11,2% frente al 4,1%), mientras aumentaban su afiliación en el agrario y en el de empleados de hogar (Pajares, 2010).

Casi el 61% de las afiliaciones en el régimen especial del hogar[9] son de trabajadores extranjeros, que es, junto con el agrario, el que concentra a un mayor número (Pajares, 2010). Esta actividad se caracteriza por bajos ingresos, malas condiciones laborales, escaso grado de organización colectiva, trabajo precario, altos índices de economía irregular y nulas posibilidades de promoción laboral. Es por lo tanto, una ocupación en la que el trabajador o trabajadora está más expuesto a condiciones duras de trabajo y explotación. A lo que se podría añadir el grado de desvalorización laboral que acompaña su

---

9. Ver Real Decreto 1424/1985, de 1 de agosto, por el que se regula la relación laboral de carácter especial del servicio de hogar familiar.

desempeño. La realidad es que el empeoramiento de la crisis económica ha convertido la actividad en una de las pocas salidas para muchas mujeres que vienen a nuestro país en busca de mejores condiciones de vida.

Tabla 2. Trabajadores extranjeros afiliados a la Seguridad Social según régimen de cotización

		Total	General	Autónomo	Agrario	EE Hogar
31 dic.2009	Total trabajadores	17.640.000	13.275.400	3.157.000	849.100	289.100
	extranjeros	1.811.879	1.175066	196.698	260.427	175.296
	% extranjeros	10,3	8,9	6,2	30,7	60,6

Fuente: Tomado de Pajares (2010: 82).

Pero también en el régimen del hogar tenemos diferencias importantes según la nacionalidad: representa el 39,2% de los trabajadores y trabajadoras bolivianos afiliados, el 22,5% de los ucranianos, el 21,5% de los dominicanos y en torno al 15% para los de colombianos, ecuatorianos y peruanos. Coinciden, curiosamente, con aquellos colectivos donde el número de mujeres supera al de hombres (56,4% de bolivianas, 52,7% de ucranianas, 57,6% de dominicanas, 55,3% de colombianas, 50,6% de ecuatorianas y 50% de peruanas).

La visualización de la mujer en el grupo doméstico como sostén económico ha adquirido una gran relevancia en el estudio de los cambios en la vida familiar. Se trata de una categoría heterogénea que engloba situaciones muy diversas: madres solteras o separadas, mujeres viudas de más edad y jóvenes solteras con elevada escolaridad, grupo que ha experimentado el mayor incremento en los últimos años. Cabe señalar, no obstante, que estas cuestiones conllevan nuevas relaciones familiares que conforman otro tipo de familias, las llamadas «familias transnacionales», que actúan como soporte y son fuentes de identidad, si bien su estructura produce riesgos y desestabilizaciones permanentes, debido a conflictos en especial de género e intergeneracionales (Herrera y Martínez, 2002; Bryceson y Vuorela, 2002; Pedone, 2006).

Son las familias transnacionales las que se ven abocadas, más que cualquier otro tipo de familia, a fortalecer sus lazos familiares, a su cuidado permanente si quieren aminorar los riesgos que la distancia acarrea, en mayor o menor medida. Y para ello aprovechan distintas vías o ponen en marcha diversos mecanismos vinculares (las remesas, los regalos, la presencia material en las comunidades, las fotografías, las llamadas telefónicas, el correo electrónico, las redes sociales en la red...). (Ver Rodríguez, 2008.) Así como han surgido nuevas acepciones de la familia y, específicamente, de la mujer, se ha ido identificando una nueva expresión de maternidad, la llamada «maternidad transnacional» (frente al modelo de «maternidad intensiva»),[10] visible en el hecho de que muchas madres se vean obligadas a dejar a sus hijos pequeños a cargo de familiares, y que sean las abuelas maternas las que acostumbran ser las principales depositarias de confianza para tan delicado cometido. De esta forma, lo que acaba produciéndose es una transferencia intergeneracional del cuidado de los hijos.

Las experiencias de las madres transnacionales cambian en función de la etapa de su ciclo vital y de sus circunstancias: estado civil, edad de los hijos que permanecen en el lugar de origen, intención de regresar o permanecer de forma definitiva en la sociedad receptora, planes de reagrupamiento familiar, y otras. En cualquier caso y salvando las diferencias, vivir lejos de sus hijos suele conllevar importantes repercusiones en la salud física y mental de las madres y, por supuesto, de sus hijos.[11]

Cierto que no toda inmigración tiene los mismos efectos sobre el núcleo familiar, pero pocas dudas es posible albergar acerca de las consecuencias, a veces profundas e irreversibles, de tal acontecimiento doméstico. Los estudios ponen de manifiesto que la ausencia del cónyuge en los procesos de migración no necesariamente acarrea cambios duraderos en la estructura de autoridad de la familia en el lugar de origen. En los casos en los que toda la familia emigra se suelen producir cambios en la relación de los cónyuges en beneficio de las mujeres (Gregorio, 1998; Maier, 2006).

Así, cuando son las mujeres las que emigran y el desplazamiento trae consigo la ampliación de los espacios de interacción en los que se implican, la migración introduce variables que pueden llegar a

---

10. La maternidad intensiva, propia de la familia tradicional, concibe el papel de la madre a partir de una gran dedicación en términos de tiempo; asume que es ella quien mejor puede ocuparse del cuidado de sus hijos (Hays, 1998; Alberdi y otros, 2000).

11. El resultado puede columpiarse de un extremo a otro: niños enormemente responsables contra niños de alto riesgo depresivo, pérdida de control o afiliación a bandas callejeras (cfr. Suárez-Orozco y Suárez-Orozco, 2003). Estos mismos investigadores nos recuerdan otros cambios en la estructura familiar, por ejemplo, el de la quiebra en el estatus de los progenitores que negocian el afecto a través de bienes de consumo (ropa, bicicletas, juguetes sofisticados...). (Ver también Solé, 2007.)

cuestionar la historia de vida seguida y las relaciones con los demás, al dejar al descubierto una diversidad de itinerarios sociales distintos o ajenos a la *domesticidad* (Ariza, 2000b); es decir, lo que surge es una reconstrucción identitaria que afecta incluso a la estructura de las relaciones intrafamiliares, y ello modifica, con todas las consecuencias, la posición de la mujer.

Se trata, por lo tanto, del «empoderamiento»[12] femenino, entendido como una alteración de la distribución de poder en beneficio de las mujeres, lo que supone cambios en el ámbito social (valores e ideologías que legitiman las desigualdades de género, control de recursos materiales, participación en las decisiones comunitarias...), individual (derechos, emancipación, dignidad o identidad) y familiar (participación en las decisiones, control de la propia vida, cuestionamiento de las jerarquías familiares, surgimiento de nuevas relaciones...). (Pedone, 2004.)

Entre las mudanzas están la expansión de familias con mando femenino; la pérdida de importancia del modelo familiar del jefe varón, proveedor exclusivo; cierta flexibilización de los modelos de autoridad familiar (Jelín, 1998), debido a la mayor independencia de las mujeres, principalmente de aquellas con más alta escolaridad, o el considerable número de separaciones de parejas,[13] incluido el divorcio. Especialmente graves pueden llegar a ser los efectos sobre las relaciones paterno-filiales, en función del menor tiempo de interacción entre ellos y de las secuelas psicológicas (sin contar con las mera-

---

12. Debemos tener presente que las mujeres protagonizan también la esfera productivo-laboral, pero el desempeño del trabajo reproductivo (labores domésticas o cuidado de personas) ha sido menos susceptible de cambio, lo que indica que existe un mercado laboral, «reservado para mujeres». De esta manera, nos encontramos con un mercado étnico que además de estar «generizado» está también «generacionalizado», dado que pasa de una generación familiar a otra. El resultado es la fuerte limitación que afecta a las hipotéticas posibilidades de movilidad social intergeneracional ascendente, es decir, la reproducción ampliada de los recursos trasmitidos de madres a hijas (Camarero Rioja y García Borrego, 2004).

13. Especialmente altas son las cifras de separaciones y divorcios que se informan desde los Estados Unidos de América en relación con familias inmigrantes (ver Reardon-Anderson y otros, 2002). En el caso español, la proporción es mucho más moderada: según Izquierdo (2003) solo un 5,9% manifiestan tener «problemas familiares» relacionados con separación o divorcio, si bien hay otro 7,8% que reconocen «conflictos familiares» y un 8,9% con familia no agrupada. La estadística de nulidades, separaciones y divorcios 2009 del INE señala que del total de los 98.207 divorcios registrados, el 2,4% corresponde a parejas en las que los dos cónyuges son americanos y de las 7.674 separaciones, el 1,5% son igualmente de matrimonios de americanos.

mente físicas) que ello provoca en ambas partes. La educación de los hijos es inequívoca fuente de conflictos para los padres inmigrantes, lo cual no escapa a una visión que es contradictoria, a saber, el deseo de que reciban la mejor educación posible, a fin de procurar vías de ascenso social, pero también el miedo a que la nueva sociedad los engulla y llegue a estigmatizar sus referencias identitarias (cfr. Checa, Arjona y Checa, 2003).

Como consecuencia de la migración, podemos decir que la unidad familiar se escinde en varias células diseminadas tanto en el extranjero como en el país de origen, o se integra y fusiona en otras unidades familiares, con lo cual aparecen hogares multinucleares que mantienen entre sí un contacto continuo. A pesar de la dispersión espacial, y gracias al mantenimiento de las redes familiares, las partes interactúan como una entidad común, que en cierto modo difumina las distancias físicas abiertas por la migración. La nueva estructura familiar así conformada vincula varias realidades locales con el entorno internacional y configura lo que se ha llamado «familia transnacional multilocal» (Glick, Basch y Blanc-Szanton, 1995; Tacoli, 1999).

Las familias transnacionales multilocales pueden, según Faist (2000), tener dos formas: la primera estaría constituida por familias con los padres y algunos hijos en el lugar de destino, y otros hijos o todos los hijos en el país de origen a cargo de familiares o amigos; y la segunda sería la resultante de la migración de retorno cuando los padres, ya de una cierta edad, regresan a su país de origen, mientras que los hijos, ya adultos, y los nietos deciden permanecer en el país de inmigración (Bernhard y otros, 2004; Faist, 2000).

En todo caso, estas familias serían capaces de crear vínculos que provocan que sus miembros se sientan parte de una unidad y perciban su bienestar desde una dimensión colectiva a pesar de la distancia (Bryceson y Vuorela, 2002: 3). Tanto los migrantes como los no migrantes invierten energías y recursos que, en función de la clase social y del género, dan forma a un sistema moral de obligaciones que, desde una dimensión transnacional, se supone que los migrantes y sus familias deben asumir. Es lo que Landolt denomina «circuitos de intereses y obligaciones transnacionales» (2001; cit. por Solé, 2007: 23) que condicionan tanto las expectativas diarias de las personas (posibilidades de emigrar, oportunidades de trabajo y vivienda en la sociedad de acogida, etcétera) como los deberes morales (proporcionar ayuda a familiares o amigos, etcétera). De todos modos, Lamela (2004) alude a cómo una migración internacional del pasado (como el ejemplo de la gallega a Argentina, Uruguay o Venezuela) puede convertirse años más tarde en una migración transnacional cuando los descendientes de aquellos gallegos y gallegas regresan buscando sus orígenes en Galicia.

A diferencia de otros tiempos, todo este proceso se ha visto favorecido por los avances tecnológicos en las comunicaciones, el transporte y la información que han relativizado la distancia geográfica y han intensificado y densificado las conexiones transnacionales, permitiendo que la comunicación con el país de origen se haga en tiempo real y con frecuencia, lo que permite a las unidades familiares transnacionales seguir actuando como una familia en la toma de decisiones y discutir temas importantes que afectan a sus miembros (Solé, 2007).

Justamente, en los últimos datos sobre la población inmigrante en Galicia (Lorenzo Moledo y otros, 2008) nos encontramos con que el 63,3% de los inmigrantes entrevistados tienen hijos/as, porcentaje que asciende hasta el 71% en el caso de las mujeres, frente al 55% de los hombres en esta misma situación. La media de hijos se sitúa en 2,18 por familia, pero solo viven entre nosotros el 51%, el 35,6% están en el país de origen y el restante 13,4% se encuentran repartidos entre Galicia y el país de origen. Aunque el número de mujeres con todos sus hijos en el país de origen (31,4%) es menor que el de hombres (41,5%), lo cierto es que ellas duplican el porcentaje de hombres (8,3%) con hijos *aquende y allende*. Es en las familias latinoamericanas donde más abunda el panorama de hijos en el país de origen o prole repartida entre origen y destino.

En el mismo contexto debemos considerar también la creación de familias mixtas en el país de acogida, un hecho que, con mucha frecuencia, marca un punto de inflexión en las relaciones con la familia extensa, a lo que contribuyen las tradiciones del propio país. Los compromisos económicos adquiridos con la familia de origen suelen cruzarse en la configuración y dinámica de los proyectos que considera la familia constituida en el lugar de acogida (Rodríguez Marcos, 2006). La distinción entre decisión personal y familiar es fundamental.[14] Cuando la exogamia es una decisión individual puede chocar frontalmente con las costumbres de la familia, haciendo inevitables

---

14. Las decisiones matrimoniales son competencia exclusiva de las familias en las sociedades musulmanas, en la mayoría de las sociedades de África y en las de la India.

las reticencias y los conflictos. Hay excepciones, pero estas lo que hacen es confirmar la regla.

Los padres proyectan en los hijos sus anhelos, deseos, esperanzas, e incluso sus miedos y una vez interiorizado que la vida de los hijos se encuentra en el país de acogida, comienza un camino de no retorno buscando un aumento sustancial en la calidad de vida. Para ello es necesario sumar esfuerzos y conciliar la vida familiar y laboral. Esto afecta a todas las madres-trabajadoras pero en el caso de las mujeres inmigrantes adquiere una dimensión especial, debido a su posición de vulnerabilidad en el mercado de trabajo y a la creciente incidencia de la monoparentalidad (Brullet y Parella, 2005).

Los aspectos discutidos hasta ahora ponen de relieve la extrema sensibilidad con la que el mundo familiar responde a los factores de cambio del entorno que lo rodea. En este sentido, es oportuno anotar que el papel de la familia es clave como instancia que puede conseguir aminorar o, por el contrario, intensificar la incidencia individual y colectiva de la incertidumbre, el riesgo, la vulnerabilidad y el daño social (Jelín, 1998; Ariza y Oliveira, 2001).

Reiteramos que las transformaciones señaladas se encuentran en proceso y apuntan hacia la flexibilización del modelo tradicional de familia, pero en modo alguno, coadyuvan a la muerte de la familia, ni anuncian cataclismo alguno, ni pretenden quebrar el rol de sostén económico, emocional e identitario de la familia, al contrario de la visión, un tanto apocalíptica, de Besharov (2003). Tampoco creemos que se trate de variables menores ni afirmamos la inocuidad, sin más, de todas y cada una de las transformaciones que están teniendo lugar.

3.6 La sociedad de acogida y la inmigración. Marco perceptivo

Los flujos migratorios afectan notoriamente a la ecología familiar tanto en origen como en destino. Con la inmigración no solo cambia la familia que viaja en pos de una vida mejor, también lo hace el complejo familiar del país que recibe, en la medida en que la esfera pública se convierte en escenario de encuentro, incluso de conflicto entre valores y actitudes sobre los más diversos aspectos de la convivencia. Es ahí donde posiblemente tenga sentido concebir la integración como ese proceso bidireccional (Lucas, 2004) que implica la adaptación de los unos a los otros, reconociendo que hay deberes mutuos, consideración presente, por cierto, en la comunicación 757 de 22 de noviembre de 2000 de la *EU Commission*, perfilando los elementos de una «nueva política de inmigración europea» y la posibilidad de hacerlo mediante el concepto de «ciudadanía cívica».[15]

Al igual que en cualquier otra sociedad de acogida, en la nuestra la clave es disponer de políticas públicas pero, sobre todo, de recursos para una buena integración, proceso que debe ser de adaptación bilateral, mutuo, donde las dos partes tienen que adaptarse a la nueva situación. Quizás debamos empezar por desvincular dos conceptos tales como nacionalidad y ciudadanía (Clavijo y Aguirre, 2002). El vínculo existente entre trabajo, ciudadanía y nacionalidad constituye una de las barreras principales para la integración social de los inmigrantes[16] porque son eslabones que coartan y estratifican pertinazmente la vida de una gran parte de las personas inmigrantes (ver Rodríguez, 2010).

La falta de derechos políticos limita la participación de los inmigrantes en la sociedad civil, mermando su participación en el diseño de políticas sociales. Poco a poco parece que la Administración española ha ido entendiendo que la asimilación no es la solución, aunque en la calle todavía no se ha producido el cambio de mentalidad y, a veces, se percibe a los recién llegados como invasores y usurpadores de puestos de trabajo y servicios sociales, olvidando que ellos y ellas también cotizan en gran número y contribuyen al saneamiento económico.

En este sentido, la familia, en cuanto ámbito de socialización primaria, puede ser un trampolín excelente para vivir en sociedades multiculturales y multiétnicas sin necesidad de un desarraigo de la comunidad de origen, y sin necesidad de convertirse en aislador *bunquerizado* ante las dificultades añadidas de convivir, asimilar o interaccionar con el modelo de la sociedad receptora y su cultura. Por ello, uno de los retos pedagógico-sociales es recuperar y ayudar a la

---

15. La noción de ciudadanía cívica, garantiza a los inmigrantes un determinado número de derechos y obligaciones, incluso si no están nacionalizados. Se trata, entre otros, del derecho a la libre circulación, el derecho a trabajar y el derecho de voto local (Zapata-Barrero, 2004).

16. Hoy por hoy, «para la concesión de la nacionalidad por residencia se requiere que ésta haya durado diez años. Serán suficientes [...] dos años cuando se trate de nacionales de origen de países iberoamericanos [...]. Bastará el tiempo de residencia de un año para el que haya nacido en territorio español» (art. 22 del Código civil).

familia a desarrollar con eficacia su función educadora, de la mano con otras instituciones y asociaciones, puesto que todas estas pueden complementarla, pero nunca sustituirla (Merino, 2004).

Disponemos de estudios de alcance como para sostener que solo la atención social y educativa a las familias inmigrantes podrá tener una repercusión directa sobre la salud y el bienestar, que es tanto como decir el cuidado de los más jóvenes y necesitados (Reardon-Anderson y otros, 2002). Lo que debería interesarnos es potenciar la inmigración familiar, esto es, de núcleos familiares completos, pensando en reducir la sensación de transitoriedad que les embarga y favorecer, de ese modo, su asentamiento.[17]

Otra cuestión clave es la escuela, lugar privilegiado para inculcar el valor positivo de la diversidad. En este sentido, la educación intercultural sigue constituyendo un reto, no solo por la presencia en las aulas de un mayor o menor número de alumnado inmigrante, sino porque el aprendizaje de la convivencia forma parte indisoluble de los valores que deben conformar una nueva ciudadanía, crítica y solidaria o, como dice Aguado (2002), una ciudadanía que discurra por tres caminos: educación en derechos humanos, educación en valores cívicos y desarrollo de prácticas que expliciten esos valores.

La mayoría de los alumnos (y buena parte de la población en general) desconocen las condiciones de vida que afectan al inmigrante típico, cuya figura suele asociarse a pobreza, peligro, fractura social, violencia, retraso, ilegalización, conflicto, fanatismo, delincuencia, etc. Se trata, sobre todo, de estereotipos alimentados por imaginarios «condicionados» en la vida de la gente,[18] que se nutren, por lo demás, de registros que afectan negativamente a su participación en

---

17. La reagrupación familiar es un derecho de todos los extranjeros y existen leyes universales que lo garantizan, pero para muchos es una realidad inalcanzable, puesto que no pueden demostrar oficialmente la posesión de alojamiento adecuado y de medios de subsistencia necesarios para atender a la familia que llega, ya que la gran mayoría no tiene un trabajo estable o legal que le permita cumplir estas garantías.

18. La vía más habitual para conocer las opiniones y actitudes de los españoles hacia los inmigrantes son las encuestas por muestreo que han sido aplicadas por el CIS desde 1999 hasta hoy, así como varios eurobarómetros sobre racismo y xenofobia encargados por el Parlamento Europeo y otros sondeos puntuales promovidos por ciertas instituciones, como, por ejemplo, el de la Junta de Andalucía (*Informe sobre actitudes de la población andaluza respecto a la inmigración extranjera*, 2004; *Opiniones y actitudes de la población andaluza ante la inmigración (II)*, 2009) o el de la Xunta de Galicia *Actitudes de la sociedad gallega ante la inmigración* realizados en 2006, 2007, 2008 (no publicados).

la esfera pública (Campo Landero, 2004). Lo que aflora con frecuencia son prejuicios espoleados por los medios de comunicación, en especial la televisión y la prensa diaria.[19]

En los países de la llamada «órbita occidental», los estereotipos sobre los inmigrantes se manifiestan a través del miedo a lo distinto, percibido como extraño y peligroso. Se dice que incrementan la inseguridad ciudadana, que privan de puestos de trabajo a los ciudadanos del país receptor, que amenazan la identidad cultural, entre otros exabruptos. Prácticas y actitudes que remarcan una supuesta incapacidad integradora del otro. La teoría es, sencillamente, falsa, pues los inmigrantes (también los que profesan la religión islámica), tienen que desarrollar estrategias de adaptación en los nuevos contextos de residencia, al tiempo que han de combinar valores de la sociedad receptora con los de su propia tradición cultural.

3.7 Conclusiones

En definitiva, no hay proceso de integración que sea fácil o que vaya rodado y discurra exento de conflictos. Lo extraño sería lo contrario. La historia de los flujos migratorios a escala mundial así lo ha puesto de manifiesto y a nosotros, como ciudadanos de un país con dilatada experiencia en ese trance vital, nadie debería tener que recordárnoslo. Tal vez nuestro inconsciente colectivo aún no haya culminado el proceso de desprendimiento de un lastre histórico que sigue nublando la perspectiva de muchos.

Aparte de reconocernos en esa dinámica histórica, de alentar un análisis de economía política en torno a las migraciones en el país, y de abordar el tema con decisión pedagógica en la educación de las nuevas generaciones (¡acaso hemos reparado en la exigua presencia del asunto en los libros de textos de Primaria y Secundaria!), hay otras muchas claves para manejar razonablemente lo que tanto ayuda a entender el pasado como, sobre todo, a una mejor construcción del futuro.

Que los flujos migratorios han cambiado el concepto de familia es tan manifiesto como afirmar que sin familia quedaría quebrada la lí-

---

19. Títulos de obras como *11-M, la venganza*, *La conspiración* o *España descarrilada*; artículos de opinión o tertulias radiofónicas, hablan de los inmigrantes, sobre todo de los musulmanes y del Islam, desde un punto de vista de opinión, no de análisis (Lario Bastida, 2005).

nea motivacional de un proceso con gran predicamento instrumental para explicar el fundamento de lo complejo y la especificidad de la perseverancia en la realidad social de nuestro tiempo. Y puesto que coincidimos con Wagensberg (2010) en que también nuestra sociedad ha de vérselas con la incertidumbre, la gestión del cambio pasa, ineluctablemente, por la adaptabilidad y la negociabilidad en este y en otros terrenos que afectan al bienestar del individuo y de la comunidad (cfr. Santos Rego y Guillaumín, 2006).

Por ello, no será poco empezar por un currículo que cuenta con los ingredientes que permiten abordar la gestión del conflicto desde la negociación de significados, alertando a toda la comunidad (dentro y fuera de las aulas) sobre las deletéreas consecuencias de los más rancios etnocentrismos o el apresurado juicio acerca de lo que no encaja en nuestro esquema de pensamiento. La dinámica de integración es posible desde una racionalidad dialógica y comunicativa en el escenario público, con posibilidad de traducirse en programas de alcance social a los que hay que dotar de recursos y previsiones de evaluación en su contexto de aplicación.

La educación familiar no puede obviar o esquivar en sus contenidos y propuestas para una sociedad plural el tema de los flujos migratorios. Entre otras razones porque es en ese marco de referencia donde hemos de reparar si queremos saber más acerca de nuevas tipologías o estructuras familiares, o indagar en perspectiva comparada patrones (*patterns*) de crianza y socialización.

Además, como creemos haber dejado claro en un trabajo anterior (Lorenzo Moledo y otros, 2009), sin el concurso y la participación activa de las familias inmigrantes en su nueva sociedad, muy difícilmente progresaremos en la articulación de proyectos socioeducativos de carácter intercultural. Y hay una dimensión normativa en tal proceso –al que no es ajena una teoría de la justicia y de la equidad– que demanda la mejor vinculación posible entre los requerimientos de las políticas sociales y los objetivos educativos más propincuos a la construcción de la ciudadanía en una sociedad culturalmente diversa.

Sin duda, la disposición de mediadores familiares y culturales ayuda a optimizar muchas situaciones en los planos institucionales y comunitarios, específicamente si consiguen realzar el papel de las mujeres en las dinámicas de integración, y mucho más si abanderan «comunidades de aprendizaje» a modo de dinámica pedagógica enfocada hacia un progresivo *empowerment* (capacitación) de padres e hijos.

En España algo hemos hecho, y bien, en la última década. La inmigración ha cambiado la imagen del país, haciéndola más homologable a la de sus vecinos del norte europeo. Hagamos lo posible para satisfacer sus expectativas de buenas ciudadanas y ciudadanos. Sin privilegios. Sin exclusiones.

Bibliografía

Aguado, T. (2002). «Formación para la ciudadanía». *Cuadernos de Pedagogía*, 315, pp. 17-32.

Aguirre, R. (2003). *Género, ciudadanía social y trabajo*. Montevideo: Doble Clic.

Alberdi, I. y otros (2000). *Les dones joves a Espanya*. Barcelona: Fundación La Caixa.

Álvarez de Sotomayor, A. (2008). «El papel de las redes étnicas en el logro educativo de los hijos de inmigrantes, ¿recursos u obstáculos?». *Migraciones*, 23, pp. 45-77.

Aparicio, R. y otros (2005). *Marroquíes en España*. Madrid: Universidad Pontificia de Comillas.

Ariza, M. (2000a). «Familia y transnacionalidad en el contexto de la globalización. Algunos puntos de reflexión». Trabajo presentado en el *Latin America labor and globalization trends following a decades of economic adjustment. A Workshop*, 10 y 11 de julio. Costa Rica.

— (2000b) *Ya no soy la que dejé atrás... Mujeres migrantes en la República Dominicana*. México: Instituto de Investigaciones Sociales/UNAM.

Ariza, M. y Oliveira de, O. (2001). «Familias en transición y marcos conceptuales en redefinición». *Papeles de Población*, 28, pp. 9-39.

Barreiro Rivas, X. L. (2008). «Galicia: de pobo emigrante a espazo de acollida». En: Lorenzo Moledo, M. (coord.). *Inmigración, cidadanía e identidade. Foros do Instituto de Estudos das Identidades* (pp. 27-35). Santiago de Compostela: Museo do Pobo Galego.

Bernhard, J. K. y otros (2004) «Behaviour and misbehaviour of Latino children in a time of zero tolerance. Mothers views». *The Early Years Journal*, 24, pp. 49-62.

Besharov, D. (ed.) (2003). *Family well-being after welfare reform*. Nueva York: Transaction Publications.

Brullet, C.; Parella, S. (2005). «La conciliación de la vida familiar y laboral de las madres latinoamericanas. Una primera exploración del caso de la ciudad de Barcelona». En: Solé, C.; Flaquer, L. (eds.), *El uso de las políticas sociales por las mujeres inmigrantes* (pp. 255-298). Madrid: Instituto de la Mujer, Ministerio de Trabajo y Asuntos Sociales.

Bryceson, D.; Buorela, U. (2002). *The Transnational Family. New European Frontiers and Global Networks*. Nueva York: Oxford University Press.

Camarero Rioja, L. A.; García Borrego, I. (2004). «Los paisajes familiares de la inmigración». *Revista Española de Sociología*, 4, pp. 173-198.

Campo Landero, M. J. (2004). *Opiniones y actitudes de los españoles ante el fenómeno de la inmigración*. Madrid: Centro de Investigaciones Sociológicas (CIS).

Carrasquilla, C. y otros (2005). «Jóvenes inmigrantes: diferenciaciones, expectativas y segregaciones». En: Pedreño Cánovas, A.; Hernández Pedreño, M. (coords.). *La condición inmigrante. Exploraciones e investigaciones desde la Región de Murcia*. (pp. 289-299). Murcia: Universidad de Murcia.

Cea d'Ancona, M.ª A. (2007). *La deriva del cambio familiar. Hacia formas de convivencia más abiertas y democráticas*. Madrid: Centro de Investigaciones Sociológicas (CIS).

Checa, F.; Arjona, A.; Checa, J. C. (eds.) (2003). *La integración social de los inmigrados. Modelos y experiencias*. Barcelona: Icaria.

Clavijo, C.; Aguirre, M. (2002). *Políticas sociales y Estado de bienestar en España. Las migraciones*. Madrid: Fundación Hogar del Empleado.

Durand, J. (1995). *El norte es como el mar*. Guadalajara-México: Universidad de Guadalajara.

Esping-Andersen, G. (2000). *Fundamentos sociales de las economías postindustriales*. Barcelona: Ariel.

— (2007). *Family formation and family dilemmas in contemporary Europe*. Madrid: Fundación BBVA.

Faist, T. (2000). *The volume and dynamics of international migration and transnational social spaces*. Oxford: Clarendon Press.

Fleischer, S. (2000). *Passando a América a limpo. O traballo de housecleaners brasileiras en Boston*. São Paulo: Annablume.

Fundación Foessa (2008). *VI Informe sobre exclusión y desarrollo social en España*. Madrid: Fundación Foessa.

Giddens, A. (1991). *Sociología*. Madrid: Alianza.

Glick, N.; Basch, L.; Blanc-Szanton, C. (1995). *Nations unbound: transnational projects, postcolonial predicaments and deterritorialized nation-States*. Luxemburgo: Gordon and Breach.

Gregorio, C. (1998). *Migración femenina, su impacto en las relaciones de género*. Madrid: Narcea.

Guarnizo, L. (1995). «Regresando a casa: Clase, género y transformación del hogar entre migrantes dominicanos-as». *Género y Sociedad*, 3, pp. 53-127.

Hays, S. (1998). *Las contradicciones culturales de la maternidad.* Barcelona: Paidós.

Herrera, G.; Martínez, A. (2002). *Género y migración en la región Sur. Informe de investigación.* Ecuador: FLACSO.

Hindagneu-Sotelo, P. (1994). *Gender Transitions. Mexican Experiencias of migration.* California: University California Press.

Izquierdo, A. (2000). «El proyecto migratorio de los indocumentados según género». *Papers. Revista de Sociología,* 60, pp. 225-240.

— (2003). «La inmigración en Europa: Flujos, tendencias y política». En: Vidal Beneyto, J. (dir.). *Hacia una sociedad civil global desde la sociedad mundo* (pp. 401-422). Madrid: Taurus.

— (2008). «A inmigración en Galicia. Patróns demográficos e identitarios». En: Lorenzo Moledo, M. (coord.). *Inmigración, cidadanía e identidade. Foros do Instituto de Estudos das Identidades* (pp. 15-26). Santiago de Compostela: Museo do Pobo Galego.

Jelín, E. (1998). *Pan y afectos. La transformación de las familias.* México: FCE.

Kearney, M. (1986). «From the indivisible hand to the visible feet anthropology studies on migration and development». *Annual Review of Anthropology,* 15, pp. 331-361.

Lamela Viera, C. (2004). «Migraciones y familias transnacionales». Comunicación presentada en el *VI Congreso Vasco de Sociología.* Bilbao, 26-28 de febrero de 2004.

Lario Bastida, M. (2005). «La imagen de la inmigración en la prensa escrita murciana mirada a la evolución histórica: temas y discursos». En: Pedreño Cánovas, A.; Hernández Pedreño, M. (coords.). *La condición inmigrante. Exploraciones e investigaciones desde la Región de Murcia* (pp. 181-198). Murcia: Universidad de Murcia.

Lorenzo Moledo, M. y otros (2008). *Informe sobre a situación da poboación inmigrante na Comunidade Autónoma de Galicia 2008.* Santiago de Compostela: Secretaría Xeral de Análise e Proxección-Xunta de Galicia (informe no publicado).

— (2009) *Las familias inmigrantes en Galicia. La dimensión socioeducativa de la integración.* Madrid: Ministerio de Educación.

Lucas, J. de (2004). «Políticas de inmigración: participación y ciudadanía de los inmigrantes. El papel de las comunidades autónomas y de los ayuntamientos». *Asamblea. Revista parlamentaria de la Asamblea de Madrid,* 3, p. 18.

Maier, E. (2006). «Tránsitos territoriales e identidad de las mujeres indígenas migrantes». *Papeles de Población*, 47, pp. 201-225.

Malgesini, G. (1998). «Introducción». En: *Cruzando fronteras. Migraciones en el sistema mundial* (pp. 11-40). Barcelona: Icaria/Fundación Hogar del Empleado.

Martínez Veiga, U. (2004). *Trabajadores invisibles: Precariedad, rotación y pobreza de la inmigración en España.* Madrid: Ministerio de Educación y Ciencia/Catarata.

Massey, D. y otros (1998). «Una evaluación de la teoría de la migración internacional. El caso de América del Norte». En: *Cruzando fronteras. Migraciones en el sistema mundial* (189-264). Madrid: Icaria/Fundación Hogar del Empleado.

Merino, J. (2004). «Familia e Integración social de los inmigrantes. Retos pedagógicos-sociales emergentes». XXIII *Seminario Interuniversitario de Teoría de la educación.* Lugo, <http.//aula.cesga.es/SITE04/>.

Moreno Mínguez, A. (2007). *Familia y empleo de la mujer en los regímenes de bienestar del sur de Europa.* Madrid: CIS.

Navarro, V. (2006). *El subdesarrollo social en España. Causas y consecuencias.* Barcelona: Anagrama.

Ojeda, N. (2005). «Familias transfronterizas y familias transnacionales. Algunas reflexiones». *Migraciones Intrernacionales*, vol. 3, 2, pp. 167-174.

Pajares, M. (2010). *Inmigración y mercado de trabajo. Informe 2010.* Madrid: Ministerio de Trabajo e Inmigración.

Parella, S. (2003). *Mujer, inmigrante, trabajadora: La triple discriminación.* Barcelona: Anthropos.

Pedone, C. (2004). *Tú siempre jalas a los tuyos. Cadenas y redes migratorias de las familias ecuatorianas hacia España.* Barcelona: Universidad Autónoma de Barcelona, Tesis Doctoral.

— (2006). *De l'Equador a Catalunya: el paper de la familia i les xarxes migratòries.* Barcelona: Fundació Jaume Bofill.

Peña Saavedra, V.; Rodríguez, A. (dirs.) (1996). *Informe socioeducativo. Os galegos da terceira idade en América.* Santiago de Compostela: Xunta de Galicia.

Popkin, E. y otros (2000). «The construction of household labor market strategies in central America transnacional migrant comunities». *Latin America labor and globalization trends following a decades of economic adjustment. A Workshop*, 10 y 11 de julio, Costa Rica.

Pries, L. (1998). «New Migration in Transnational Space». En: *Migration and Transnational Social Spaces* (pp. 1-35). Aldershot: Ashgate.

Reardon-Anderson, J. y otros (2002). *The health and well-being of children in immigrant families.* Washington: Urban Institute.

Reher, A-S (dir.) (2008). *Informe Encuesta Nacional de Inmigrantes* (ENI-2007). Madrid: INE.

Rodríguez, N. (2008). *Educar desde el locutorio. Ayuda a que tus hijos sigan creciendo contigo*. Barcelona: Plataforma Editorial.

Rodríguez, R. M. (2010). «Estratificación ciudadana en la población inmigrante». En: *Sistema*, 217, pp. 41-60.

Rodríguez Galdo, M. J. (2001). «Familia y cambio sociodemográfico. Notas para un análisis». En: VV. AA. *Familia, juventud y nuestros mayores. La actitud proactiva* (pp. 89-104). Santiago de Compostela: Fundación Caixa Galicia.

Rodríguez Marcos, M. E. (2006). *Familias interculturales. La construcción de la interculturalidad de lo microsocial a lo macrosocial*. Salamanca: Universidad Pontificia de Salamanca.

Rouse, R. (1991). *Mexican Migration and the Social Space of Postmodernism*. Nueva York: Oxford University Press.

Santos Rego, M. A. (dir.) (1997). *Análise pedagóxica da emigración galega en Europa. Perspectivas no marco da Unión*. Santiago de Compostela: Teófilo Piñeiro Eds.

Santos Rego, M. A.; Guillaumín, A. (eds.) (2006). *Avances en complejidad y educación. Teoría y práctica*. Barcelona: Octaedro.

Santos Rego, M. A.; Lorenzo Moledo, M. (2003). *Inmigración e acción educativa en Galicia*. Vigo: Edicións Xerais de Galicia.

— (2009). «La participación de las familias inmigrantes en la escuela. Un estudio centrado en la procedencia». *Revista de Educación*, 350, pp. 277-300. <http://www.revistaeducacion.mec.es/re350/re350_12.pdf>.

Santos Rego, M. A. y otros (2004). «Familia, educación y flujos migratorios». En: Santos, M. A.; Touriñán, J. M. (eds.). *Familia, Educación y Sociedad Civil* (pp. 203-280). Santiago de Compostela: Servizo de Publicacións e Intercambio Científico da Universidade de Santiago de Compostela.

Solé, C. (dir.) (2007). *Los vínculos económicos y familiares transnacionales. Los migrantes ecuatorianos y peruanos en España*. Madrid: Fundación BBVA.

Solé, C. y otros (2005). «Conclusiones. La utilización de las políticas sociales por parte de las mujeres inmigrantes. La preservación de las lógicas de discriminación». En: Solé, C.; Flaquer, L. (eds.). *El uso de las políticas sociales por las mujeres inmigrantes* (pp. 300-312). Madrid: Instituto de la Mujer, Ministerio de Trabajo y Asuntos Sociales.

Soriano, R. M. (2004) *El asentamiento de la mujer marroquí en el poniente almeriense*. Madrid: Consejo Económico y Social.

— (2006). «Voces de mujeres desde la inmigración: Una comparativa entre el asentamiento de marroquíes en España y mexicanas en EE.UU». *Working*

Paper, The Center for Comparative Inmigration Studies, 133.

Suárez-Orozco, C.; Suárez-Orozco, M. (2003). *La infancia de la inmigración.* Madrid: Morata.

Tacoli, C. (1999). «International Migration and restructuring of gender asymmetries: Continuity and change among Filipino labour de migrants in Rome». *International Migration Review*, 33, pp. 658-682.

Wagensberg, J. (2010). *Las raíces triviales de lo fundamental.* Barcelona: Tusquets.

Zapata-Barrero, R. (2004). Multiculturalidad e inmigración. Madrid: Síntesis.

Zhou, M.; Kim, S. (2006). «Community forces, social capital, and educational achievement: the case of supplementary education in the chinese and korean immigrant communities». *Harvard Educational Review*, 76, 1, pp. 1-29.

4. La resolución de conflictos en contextos multiculturales a través de la mediación

Alicia Peñalva, Encarna Soriano.
Universidad Pública de Navarra y Universidad de Almería

4.1 Introducción

La cultura de finales del siglo xx ha venido asociando el conflicto con sentimientos hostiles y con manifestaciones de violencia. Al término «conflicto» se le atribuyen connotaciones de marcado carácter negativo, se concibe como una situación que genera malestar en la interacción humana, como algo que debe evitarse en la medida de lo posible. Sin embargo, en los últimos años se ha encontrado una alternativa a la visión negativa del conflicto y se está intentando incorporar una visión positiva del mismo. Una visión que pone el acento en el enriquecimiento personal que implica la resolución positiva de un conflicto entre personas o grupos de personas. Las nuevas teorías sobre el análisis del conflicto y la percepción más realista de lo que este implica, hacen que se empiece a considerar el conflicto como algo que forma parte de las interrelaciones humanas. Como afirma Martínez de Murguía (1999), la contienda, la competencia y la diversidad de opiniones e intereses forman parte de todas las relaciones sociales.

Desde esta perspectiva debemos entender el conflicto como un factor inherente a la interacción humana. La relación que se establece a partir del conflicto indica que los intereses y las aspiraciones de cada parte son adversos entre sí de un modo accidental o perseverante. En el conflicto, además, juegan un papel fundamental las emociones y los sentimientos, con consecuencias para él tanto positivas como negativas. En general, se puede afirmar que, dependiendo de cómo abordemos el conflicto, este tendrá consecuencias destructivas para las partes y la situación creada o, por el contrario, aportará a nivel personal un mayor conocimiento de uno mismo y de los demás y generará a nivel grupal un entendimiento entre las partes. Una resolución positiva y enriquecedora de un conflicto implica la profundización o estudio de los hechos dirigiendo la atención no sólo a las causas que lo originan, sino a la relación entre las partes y al significado que cada una atribuye a la disputa.

4.2 Ciudadanía, interculturalidad y convivencia

En la cultura occidental las experiencias en cuanto a resolución de conflictos han estado basadas en el paradigma ganar/perder. Que una parte resulte ganadora y otra perdedora implica una escasez de soluciones consensuadas que obstaculiza la relación entre las personas implicadas. La alternativa a este planteamiento sería la que ofrecen metodologías orientadas a la comprensión, al respeto y al reconocimiento de las personas involucradas en un conflicto; todo ello, claro, con la finalidad de resolver de manera colaborativa los conflictos buscando soluciones efectivas y consensuadas por todas las partes. Más aún teniendo en cuenta que, tal como señala Schnitman (2002: 23), «nuestro futuro y la calidad de nuestra vida dependen de la posibilidad de promover un diálogo responsable y de desarrollar metodologías que trabajen en la diferencia, sin suprimir el conflicto, enriqueciéndose con la diversidad de perspectivas», la resolución positiva de los conflictos se transforma en una necesidad de primer orden en el contexto cultural contemporáneo. Un contexto cada día más plural que reclama el reconocimiento de la diversidad y del diálogo entre quienes lo componen.

Cuando el Consejo de Europa proclamó el año 2005 como el «Año europeo de la ciudadanía a través de la educación», pretendía estimular, entre otras cosas: «el interés general por la educación para la convivencia como medio que favorece la cohesión social, el entendimiento intercultural, y el respeto a la diversidad y los derechos humanos» (VV. AA, 2006). La idea de ciudadanía que se promueve desde esta perspectiva europea está estrechamente vinculada con lo que se conoce como «ciudadanía cultural»: aquella que se construye a partir de una sociedad multicultural, con todos los conflictos que esta incluye. Tiende hacia la consecución de una sociedad intercultural en la que el conflicto se entiende como algo positivo, para nada negativo, y la interculturalidad como un proceso, como un punto de llegada y no como un punto de partida.

El aprendizaje que implica la ciudadanía cultural es articulado por la Unión Europea a través de lo que denomina Dimensión Europea de la Educación (DEE). Según Rodríguez (2002), la DEE es uno de los objetivos comunitarios que invita a todos los ciudadanos y ciudadanas europeos a apoyar un proceso de integración que, por primera vez en la historia, es voluntario y pacífico. Transmite valores como la cooperación, la solidaridad y la tolerancia como piezas clave del pensamiento democrático, como elementos que favorecen la convivencia y permiten el enriquecimiento mutuo a partir de la diversidad. La DEE acentúa un número de valores como son (Rodríguez, 2002: 56):

...la voluntad de alcanzar un entendimiento para vencer prejuicios y reconocer los intereses mutuos respetando a la vez la diversidad; la receptividad a las culturas diferentes, preservando a la vez la identidad cultural individual; el respeto por los compromisos legales y las decisiones judiciales; el deseo de coexistir en armonía y aceptar los compromisos para la compatibilidad de intereses distintos; la defensa de la libertad, la democracia pluralista, los derechos humanos y la justicia; [...] el deseo de mantener la paz en Europa y en todo el mundo.

Esto significa que el aprendizaje individual y colectivo de la ciudadanía debe contemplar, como parte fundamental, el reconocimiento del valor de la diversidad (Cortina, 2004: 3):

La idea de una ciudadanía intercultural aporta esencialmente la institucionalización de un elemento definitorio y distintivo: la idea misma de comunicación intercultural convertida en un valor ciudadano, en algo que distingue a los miembros de una comunidad democrática y multicultural de otras anteriores que carecían del hecho o del reconocimiento de la multiculturalidad de sus sociedades.

Definir la ciudadanía cultural como intercultural supone más que reconocer unos derechos culturales a los ciudadanos, supone reconocer la diversidad cultural, la dignidad de todos los miembros de las distintas culturas y el valor de la comunicación intercultural como instrumento y medio de convivencia de las sociedades multiculturales. Soriano (2006: 120) afirma que:

> ...formar para la ciudadanía es una prioridad importante hoy en día y, además, ser ciudadano es bastante complejo, requiere no sólo de habilidades, sino también conocimientos, actitudes y hábitos colectivos. Uno no nace ciudadano, se hace ciudadano y, para ello, tiene que aprender en la familia, en el barrio, en el grupo de iguales y en el centro educativo.

Formar para la ciudadanía implica formar *en* el conflicto y *para* el conflicto pero entendiendo este desde una perspectiva positiva a partir de la cual aprendemos no solo a gestionar los conflictos naturales en toda interacción interpersonal e intergrupal sino, sobre todo, a aprender desde una perspectiva intercultural. Aprendemos, en definitiva, a entender y a respetar la diversidad cultural, aprendemos a ser competentes culturalmente hablando, no sólo desde el punto de vista cognitivo (conocimiento de otras culturas, análisis crítico de estereotipos e ideas prefijadas), también desde los puntos de vista afectivo (capacidad para relacionarnos con otros diferentes a nosotros, desarrollo de la empatía, respeto a la diversidad) y de comportamiento (respeto efectivo de los derechos culturales de los otros, práctica de la tolerancia, fomento de relaciones basadas en la equidad).

Formar para la ciudadanía supone, por lo tanto, preparar al alumnado para hacerse consciente del mundo y para estar abierto a él y a su diversidad. Es la forma de preparar y articular a nivel educativo un sistema de actitudes y valores tales como la tolerancia, el pluralismo, la apertura mental, la libertad de pensamiento... Implica por lo tanto una serie de competencias claves, en la línea de las subrayadas por el Informe Delors (1996), como pilares bases de la educación: aprender a vivir juntos (para desarrollar competencias relacionadas con la resolución pacífica de los conflictos, la capacidad de conocer a los demás desde un punto de vista cognitivo pero también afectivo), aprender a conocer (para desarrollar competencias relacionadas con la capacidad de aprende durante toda la vida), aprender a hacer (para desarrollar competencias relacionadas con saber cómo movilizar el conocimiento y la experiencia adquirida en una situación dada), y aprender a ser (para desarrollar competencias relacionadas con la autonomía y capacidad de juicio, fortalecimiento de la responsabilidad personal en la realización del destino colectivo).

Este Informe de la Comisión internacional sobre la educación para el siglo XXI, entregado a la Unesco, plantea la ampliación de los objetivos educativos más allá del estricto campo del conocimiento. Concretamente, señala la necesidad de que los niños y niñas aprendan en la escuela a convivir conociendo mejor a los demás creando así un espíritu nuevo que impulse la realización de proyectos comunes y la solución pacífica e inteligente de los conflictos. Se puede afirmar que aprender a vivir juntos, aprender a convivir con los demás, además de ser la finalidad esencial de la educación, es uno de los principales retos de los sistemas educativos actuales.

4.3 El concepto de mediación en el ámbito educativo

La mediación es una técnica de resolución de conflictos en la que las dos partes enfrentadas intentan buscar la solución al problema y eligen voluntariamente a una persona imparcial, un mediador, para que ayude a mejorar la comprensión entre ellas, para que ayude a facilitar la comunicación y a negociar un acuerdo en situaciones conflictivas. Se trata de una negociación cooperativa, ya que promueve un tipo de solución en la que ambas partes salen beneficiadas. La técnica de la mediación es aplicable a numerosos contextos: comerciales, comunitarios, ambientales, educativos, familiares, laborales e internacionales; dependiendo del ámbito, se usarán unas estrategias u otras pero siempre habrá un elemento fundamental y común a cualquier proceso de mediación: la comunicación (Soriano y Fuentes: 4-5). La mediación escolar lleva varias décadas desarrollándose tanto en el plano teórico como en el práctico, en Estados Unidos la resolución de conflictos en instituciones educativas se inició hacia los años 60 del siglo XX de la mano de los movimientos de la cultura de la paz y la justicia y del aprendizaje cooperativo en el aula.

En España, Pérez Crespo (2003) indica que uno de los programas pioneros surgió desde el Centro de Investigación para la Paz Gernika Gogoratuz en 1993. En la actualidad existen otros en varias comunidades autónomas gestionados por diferentes entidades que trabajan en el campo de la mediación o de la orientación psicopedagógica en colegios e institutos. Por lo general, tienen como objetivo prevenir la violencia y las peleas entre los alumnos y los demás miembros de la comunidad educativa enseñando habilidades para la solución de disputas (Torrego, 2000). Pretenden ofrecer alternativas para resolver conflictos de forma pacífica, trabajan la mediación en su «versión» clásica como sistema alternativo para la gestión de conflictos. Los mediadores son personas de la propia comunidad educativa (alumnos, profesores, padres y madres) que desean formarse en los principios y técnicas de la mediación. Tras el entrenamiento, se oferta el servicio de mediación que prestarán los mediadores entrenados a tal efecto y se toman medidas para que acceder a sus servicios sea extensivo a todos los miembros de la escuela. La autora sigue señalando que en las últimas décadas han proliferado en el ámbito educativo diferentes proyectos para resolver los conflictos de índole personal que se dan en las escuelas. El objetivo de estos proyectos es doble: sensibilizar y formar a la comunidad educativa en formas pacíficas de afrontar las disputas contribuyendo así a la mejora del clima escolar. Muchos de estos programas se han basado en la mediación como método alternativo para resolver disputas. Al mismo tiempo, la mediación se ha ido enriqueciendo y diversificando de tal manera que, en el ámbito educativo español, se han ido incorporando al menos dos modelos de intervención bajo la base común de la mediación. Por un lado, podemos encontrar los programas de mediación escolar desde la perspectiva de la resolución de conflictos; y por otro, los programas de mediación social intercultural, trabajados en la escuela desde la perspectiva de la convivencia intercultural. Ambos modelos no son excluyentes entre sí, ya que existe la posibilidad de conjugarlos en un mismo espacio educativo.

En esta misma línea, Ortiz (2006: 47-50) vuelve a remarcar que existen dos formas de entender la mediación en contextos escolares: la mediación escolar y la mediación intercultural escolar. Respecto a la mediación escolar nos explica que se debe entender como una ayuda a la comunidad educativa para el análisis y la resolución de conflictos desde una perspectiva constructiva y positiva. Debe ser un trabajo preventivo y formativo a nivel individual y a nivel colectivo. El modelo de la mediación escolar tiene como objetivo prevenir la violencia escolar, mejorar el clima escolar y enseñar habilidades para la solución de disputas, todo ello a través de programas que se emplean en su versión clásica, como un sistema alternativo en la resolución de conflictos.

Se pueden diferenciar programas de mediación con un adulto como mediador (M1), o programas con mediación entre iguales (estudiantes) (M2). Se pueden encontrar también programas que persiguen la construcción de una escuela pacífica y la implementación de programas curriculares de resolución de conflictos (M3). Un cuarto programa sería el de la mediación global (M4), en el que se combinan las tres modalidades anteriores. Se logra así a través de ellos educar a toda la comunidad escolar en los conceptos y habilidades básicos de resolución de conflictos promoviendo valores clave como la cooperación, la comunicación, el respeto a la diversidad, la responsabilidad y la participación (M3). Todo ello combinado con la experiencia directa en la resolución de sus disputas poniendo en práctica lo aprendido (M2) y combinado también con la existencia de adultos entrenados como mediadores (M1), lo que hace posible la comediación, la supervisión y el seguimiento del programa por parte del centro escolar.

La misma autora (Ortiz, 2006: 47) cita a Monjo para explicarnos cómo la mediación escolar se considera una forma alternativa para la resolución de conflictos, una forma de que las partes implicadas puedan llegar a una solución consensuada, satisfactoria y mutuamente aceptada, con la ayuda de una tercera persona. Subraya el hecho ya señalado anteriormente de que el conflicto se debe entender como consustancial a la naturaleza humana, por lo que no tiene que ser negativo. Por ello la mediación escolar ayuda a la comunidad educativa a poder analizar y resolver sus conflictos desde perspectivas constructivas, positivas, atentas y respetuosas con los sentimientos e intereses de los otros. Sobre todo se incide en el hecho de que la mediación escolar constituye un importante trabajo preventivo y formativo tanto a nivel individual como colectivo a la vez que trata de introducir una mejor comprensión del conflicto y un manejo de la gestión positiva del mismo. Es, en definitiva, un modo de intervención sobre la violencia escolar.

4.4 Cómo promocionar la convivencia a través del conflicto

Como señalan Ortega y del Rey (2006), durante muchos años la gestión de los problemas de convivencia en las escuelas se caracterizaba por la ausencia de criterios guía para el profesorado a la hora de su actuación. Durante los últimos años (Ortega y del Rey, 2004), se ha tomado conciencia de la necesidad de hacer tarea educativa preferente la educación de la convivencia o incluso la construcción de la convivencia. Las autoras nos informan también de que la mediación en conflictos está siendo una estrategia muy utilizada en el contexto educativo en los últimos años con la finalidad de construir la convivencia y bajo la perspectiva de la prevención de la violencia. Los programas desarrollados con este fin deben estar insertados en un programa más amplio de construcción de la convivencia y deben desarrollarse de forma que no rompan con la cultura escolar, es decir, desde un modelo educativo, ni clínico ni psicopatológico. Igualmente, su puesta en marcha no debe significar exclusivamente el desarrollo de los mismos, sino cierta transformación de la cultura escolar en la que se conciban la negociación y el diálogo como pilares de la gestión de las relaciones interpersonales.

Dentro del plan de convivencia de un centro, la mediación en conflictos debe servir para abordarlos, no para dar respuesta a otros problemas escolares de naturaleza distinta. Esto no quita que como estrategia educativa deba ser tenida muy en cuenta de cara a la prevención de dichos problemas.[20] Continuando con los planes de convivencia escolar, considerados en la actualidad como un elemento indispensable en todos los centros educativos, el 23 de marzo del 2006, el Ministerio de Educación y Ciencia firmó el Plan para la promoción y mejora de la convivencia escolar. En él se parte de la idea de que la complejidad y el deterioro de la convivencia escolar están debidos a la presencia de múltiples factores, entre ellos: los de carácter social y propios de la sociedad actual (la permisividad, los cambios en el papel de la familia, los modelos emitidos desde televisión, las diferencias interculturales, las situaciones de exclusión y marginación) y los de carácter psicológico (referidos a los efectos de características como la impulsividad, la falta de tolerancia a la frustración, las relaciones negativas con los adultos o las escasas habilidades sociales).

El Ministerio reconoce que hay también factores propiamente educativos que no pueden omitirse como son: el tipo de enseñanza y de currículo que se propone, las metodologías utilizadas, los resultados académicos de los alumnos, la organización de los propios centros, el tipo de relaciones y el nivel de participación que se establece (tanto entre los alumnos entre sí como con sus profesores, y entre estos y las familias). Este Plan viene a demostrar cómo en la actualidad se reconoce que la importancia de la intervención a la hora de prevenir y resolver conflictos en los centros escolares es básica. En

---

20. «Cuando un centro educativo implanta un programa de mediación en conflictos, además de resolver conflictos, está potenciando el enriquecimiento de la cultura de diálogo y negociación pacífica de las dificultades interpersonales.» (Ortega y del Rey, 2006: 6).

primer lugar desde el punto de vista de la preservación de la calidad de la educación (el funcionamiento de las instituciones educativas y ellas mismas se ven muy deterioradas en su conjunto y en el conjunto de sus elementos por estos problemas), en segundo lugar desde el punto de vista del desarrollo físico y psicológico de los alumnos y alumnas y, en tercer lugar, desde el punto de vista del desarrollo de las relaciones interpersonales de todos los sujetos que componen la comunidad escolar.

En relación con el segundo y el tercer punto de vista, hay que tener presente que dentro de la escuela los grupos de iguales que se dan son forzosos, y su relación es relativamente duradera. Las relaciones interpersonales que se establecen entre los miembros de cada grupo y entre los propios grupos están de manera natural cargadas de situaciones de conflicto. Para que las situaciones de conflicto no deriven en situaciones de violencia de unos sobre otros, se acude al diseño de planes de convivencia y, para que la gestión del conflicto suponga un aprendizaje de todos los niños y niñas sobre relaciones interpersonales sobre diversidad y sobre equidad, se acude a la mediación, enmarcada dentro de esos planes de convivencia.

Se deben tener claros tres principios: primero, que la escuela debe proteger a los niños y niñas de cualquier tipo de violencia que se pueda dar en el entorno escolar; todo ello desde una perspectiva de educación integral del alumnado con objetivos sociales, morales y afectivos (Trianes, 2002). Segundo, que la escuela debe enseñar cómo establecer las relaciones entre iguales desde un plano de igualdad, respeto, equidad y no violencia; sobre todo porque este tipo de relaciones tienen grandes ventajas para el desarrollo personal (Hartup, 1992; Piaget, 1932; Sullivan, 2000) puesto que se dan en un plano horizontal. Tercero y último, que la escuela debe valorar como fundamental la participación de todo el alumnado en la prevención de las situaciones de violencia. La importancia del grupo de iguales como agente de cambio social de las situaciones y manifestaciones conductuales y actitudinales de violencia es fundamental (Oñate Cantero, 2005; Salmivalli y Voeten, 2002).

Ya hemos señalado las nuevas orientaciones que han aparecido en los últimos años para la gestión de los conflictos. Según del Campo se puede hablar de un nuevo paradigma para la gestión positiva del conflicto con autores relevantes como Fried (2000) o Entelman (2001). Frente a la perspectiva tradicional, esta nueva perspectiva o concepción entiende el conflicto y las estrategias necesarias para su resolución en base a unos criterios claros: el conflicto es algo que puede llegar a ser positivo y puede ayudar a las personas implicadas a desarrollar competencias ciudadanas orientadas a la convivencia. El conflicto y su gestión dejan de entenderse como un hecho individual aislado y centrado exclusivamente en las partes implicadas. Las principales características que definirían esta nueva concepción serían:

- *Respecto al origen de los conflictos.* Se establece que este se encuentra en la interacción social. Al ser parte de dicha interacción se deben asumir como algo natural.
- *Respecto a la percepción de los conflictos.* Se debe entender que un conflicto es una situación social y personalmente construida que se ve condicionada por factores múltiples como la adscripción cultural de los implicados, el marco social en que se desarrolla, etc.
- *Respecto al proceso que sigue el conflicto.* Se debe tener claro que los conflictos evolucionan, no son estáticos, por lo que el sentido que puedan adquirir dependerá de cómo estén siendo gestionados (positiva o negativamente).
- *Respecto al resultado que se derive de la intervención ante el conflicto.* Dicho resultado dependerá nuevamente de la gestión que se esté haciendo del conflicto. Puede transformarse en una experiencia frustrante, o convertirse en un elemento de formación y enriquecimiento personal.

En este contexto se puede sostener que la mediación toma forma como la estrategia más adecuada para abordar la resolución «formativa» de conflictos, especialmente de conflictos de carácter cultural. Tal y como sostiene del Campo (2003: 171):

> ...la mediación puede constituir una alternativa interesante orientada a la búsqueda de soluciones reales a los conflictos [...]. Desde una óptica técnica, la mediación es entendida como un proceso en el que se produce un encuentro entre las partes en conflicto y en el que participa una tercera parte neutral (el mediador o mediadora), quien pretende establecer puentes de diálogo y entendimiento entre quienes están en conflicto.

La mediación no solo servirá para incidir de manera positiva en los factores (sociales, psicológicos y educativos) que hacen que se deteriore la convivencia escolar, permitirá también plantear una actuación de prevención en cuanto a resolución de conflictos se refiere. Prevenir los conflictos en el ámbito escolar favorece que se preserve la calidad de la educación, que se cuide del desarrollo físico y psicológico del alumnado en general, y que se sienten las bases para el establecimiento de relaciones interpersonales adecuadas. Se podrá hacer además educando para la convivencia y desde la convivencia, tal y como mencionábamos al principio, con el objetivo claro de favorecer así la cohesión social, el entendimiento intercultural y el respeto a la diversidad.

Todo ello se podrá realizar desde tres enfoques diferenciados. Enfoques que cuadran con las tres acepciones diferentes que tiene el concepto de «mediación» según Cohen-Emérique (1997). Cada una de estas acepciones hará mención a un tipo determinado de situación comunicativa y representará por lo tanto un tipo determinado de práctica mediadora. La diferencia entre las tres acepciones se establece en función del tipo de conflicto que se de en la situación comunicativa en la que se deba mediar. Podemos encontrar por lo tanto:

- *Mediación en situaciones que no llevan asociado conflicto.* La intervención se produce en las diversas situaciones y circunstancias en las que aparecen dificultades y problemas de comunicación. No se produce un conflicto en sentido estricto pero sí una dificultad comunicativa.
- *Mediación entre partes en conflicto.* La intervención desde la mediación se realiza con el objetivo de restablecer las relaciones entre las personas o grupos y solucionar un problema.
- *Mediación para transformar situaciones sociales conflictivas.* La intervención se realiza a través de una persona que actúa como catalizador. El objetivo no es sólo restablecer una situación conflictiva, sino cambiar las situaciones sociales que han generado el conflicto. Esta tercera hace algo que no se hace en los casos anteriores: introduce cambios en las situaciones preexistentes. El resultado es que a partir de este tipo de mediación el proceso en sí mismo se vuelve creativo y enriquecedor para todos los implicados.

De estos tres tipos de acepciones se derivan tres tipos diferentes de mediación: la mediación preventiva, la mediación rehabilitadora, y la mediación creativa. Mientras la preventiva se dirige a facilitar la comunicación entre personas, la segunda se orienta de manera específica a la resolución de conflictos. El tercer tipo de mediación parte también de la resolución de conflictos, pero se dirige hacia la transformación de las normas y relaciones que rigen cada situación.

4.5 La mediación intercultural

Giménez (1997) afirma que la intervención de terceros entre partes etnoculturalmente diferenciadas es algo tan antiguo como los propios contactos culturales y las relaciones interétnicas. Siempre que existan relaciones entre personas y grupos con idiomas, religiones, costumbres, estructuras organizativas y códigos dispares, surge la necesidad del intérprete o traductor. Y surge por supuesto la necesidad de mediar entre las partes y sus malentendidos, tratados y conflictos. En el mundo contemporáneo la intermediación cultural se ha ido formalizando y perfilando como una modalidad más en el ámbito de la mediación. Hay experiencias sistematizadas desde hace tiempo en Estados Unidos (Programa de salud mental de la comunidad de Miami, iniciado en 1974). En Europa han ido surgiendo al amparo de los movimientos migratorios de finales del siglo XX y principios del XXI, y poco a poco van tomando fuerza y cuerpo iniciativas sociales e institucionales en las que se organizan programas de formación y actuación de mediadores, normalmente en relación con situaciones de precariedad o marginación de comunidades de inmigrantes. Lo que se intenta es establecer puentes lingüísticos y relacionales entre los colectivos de inmigrantes extranjeros y los departamentos de bienestar, salud, educación y servicios sociales con el objetivo último de facilitar el acceso de estos grupos a los recursos existentes y la profesionalización de los mediadores a través del conocimiento de estos usuarios y sus necesidades. La emergencia de programas de mediación intercultural se da también en España, en la misma línea seguida en Europa: la fundamentación conceptual de un nuevo campo de intervención social que surge según se van haciendo multiculturales nuestras sociedades.

Se puede afirmar que la mediación intercultural responde a las necesidades que plantean las «situaciones de multiculturalidad significativa» definidas por Giménez (1997: 133) como aquellas en las que la distintividad sociocultural de los actores sociales se convierte, por el motivo que sea, en relevante o central, o al menos especialmente influyente. Son situaciones en las que los actores sociales en interacción dan importancia considerable (de manera consciente o inconsciente) a la diferenciación del «otro» o a su propia diferenciación respecto del «otro». Todo ello en términos físicos, de conducta, de modo de vida, de lenguaje, de simbolización, de expresión de valores... La causante del malestar social ante la inmigración no es la diversidad en sí, sino la percepción de una gran diferencia de cuestiones entre los grupos inmigrantes y autóctonos: la lengua, la religión, las costumbres, la posición socioeconómica. Esta visión diferencial, estos procesos de diferenciación entre grupos, son los que han dado lugar a esos dos modelos de actuación a nivel escolar (la mediación escolar y la mediación intercultural escolar). Que la mediación intercultural escolar se diferencia de la primera es evidente, y que lo hace desde el punto de vista cultural, también. El reto está en lograr que su objetivo inicial, la gestión de la presencia de alumnado extranjero en el sistema educativo, se transforme en un objetivo más amplio que implique a toda la comunidad educativa. Este reto no es otro que la consecución de los principios señalados para el desarrollo de la ciudadanía intercultural, fundamentalmente los referidos a la necesidad de la educación para la convivencia como medio para alcanzar el entendimiento intercultural.

Tal y como señala Munck (1995), cuando se relaciona la mediación con la interculturalidad se está haciendo referencia a la posibilidad de aplicar la mediación a la resolución de conflictos supuestamente interculturales. Desde este punto de vista, la figura del mediador intercultural surge de la existencia de un problema intercultural en el que de un lado estaría la sociedad autóctona y de otro la sociedad que viene «de fuera». Martiniello (2003) señala que las condiciones que explican la emergencia de la mediación intercultural a lo largo de las dos últimas décadas son (en Ortiz, 2006: 45):

- La transición de una sociedad industrial a una sociedad postindustrial y la crisis de los vectores de socialización que le es asociada.
- La crisis que sufre el Estado, la sociedad y el trabajo social.
- La concordancia entre territorios y poblaciones en situaciones de precariedad (principalmente, las poblaciones procedentes de la inmigración).
- Una cierta «territorialización» de la acción pública, principalmente en el campo del trabajo social.

La mediación en la actualidad está experimentando cambios importantes que hacen que sus objetivos sean más amplios que los de la resolución de conflictos. La mediación abarca también la transformación de las relaciones y la prevención de los conflictos. Giménez (2002: 66) define la mediación intercultural como:

> ...una modalidad de la intervención de terceras partes neutrales entre actores sociales o institucionales en situaciones sociales de multiculturalidad significativa, en la cual el profesional tiende puentes o nexos de unión entre estos distintos actores o agentes sociales, con el fin de prevenir y/o resolver y/o reformar posibles conflictos y potenciar la comunicación, pero sobre todo con el objetivo último de trabajar a favor de la convivencia intercultural.

Debemos abordar los conflictos culturales desde una perspectiva positiva enriquecedora que camine hacia la integración de estas culturas en un mismo contexto social, mediante el reconocimiento, aceptación y respeto de los diferentes bagajes culturales. Tal y como afirma Cortina (2001: 209):

> ...mantener y fomentar el diálogo intercultural, de modo que no se pierda riqueza humana, es un deber para cualquier sociedad que se tome en serio a sus propios ciudadanos del mundo.

Entendemos la mediación intercultural como «un recurso profesionalizado que pretende contribuir a una mejor comunicación, relación e integración entre personas o grupos presentes en un territorio, y pertenecientes a una o varias culturas» (VV.AA., 2002: 101). La mediación intercultural se plantea como una técnica que debe contribuir a que en los intercambios culturales se reconozcan las disparidades, se goce de los mismos derechos que quienes residen en un mismo territorio y se produzca un acercamiento relacional intercultural.

Otra manera de definir la mediación intercultural (o mediación social en contextos pluriétnicos o multiétnicos), y siguiendo a Giménez (1997: 142), es como una modalidad de intervención de terceras partes en y sobre situaciones sociales de multiculturalidad significativa orientada hacia la consecución del reconocimiento del «otro» y del acercamiento entre las partes, la comunicación y comprensión mutua, el aprendizaje y desarrollo de la convivencia, la regulación de conflictos y la adecuación institucional entre actores sociales o institucionales *etnoculturalmente* diferenciados. Para el autor sus rasgos definitorios son:

- La naturaleza etnoculturalmente diferenciada de las partes involucradas. En un sistema de intermediación cultural, el punto de partida es que las personas, grupos o instituciones en él envueltos, se les atribuyen bagajes o identidades culturales diferentes.
- La incidencia de dicha diferenciación en las relaciones existentes entre las partes. Las personas involucradas tienen un cierto conocimiento, y desconocimiento a la vez, del «otro». Los estereotipos, prejuicios y conductas influyen en la relación entre las partes.
- La relevancia del propio bagaje cultural del mediador. Si bien el autor destaca como idóneo el hecho de que el mediador sea «bicultural» en relación con ambos bagajes culturales entre los que desarrolla su labor, lo más importante es que la persona tenga una gran capacidad de mediar y una sensibilidad y capacidad de acercamiento hacia ambas culturas en presencia.
- El objetivo de la interculturalidad, entendida como un proyecto en el que se establecen relaciones interpersonales y sociales donde no se discrimina por motivos de raza, cultura, etnicidad, lengua, religión y nacionalidad, y los sujetos se reconocen como interlocutores, se comunican adecuadamente, se enriquecen mutuamente, etc. (Ortiz, 2006: 46).

La Federación de Asociaciones Pro-Inmigrantes Andalucía Acoge (1999) considera la mediación intercultural en la escuela como una estructura que garantiza una acción mediadora y negociadora en el contexto educativo. Es una acción que se ejerce además sobre aquellos elementos susceptibles de ser relativizados y en el seno de los grupos humanos (inmigrantes y autóctonos). Se ejerce para garantizar la integración y el éxito escolar de niños, jóvenes y adultos inmigrantes en el sistema educativo español y es considerada un mecanismo de resolución de los conflictos que surgen en la comunicación y en las relaciones entre personas de culturas diferentes que participan en contextos educativos formales, no formales e informales (Andalucía Acoge, 1999). El Ministerio de Educación y Ciencia entiende que el mediador intercultural en contextos escolares es: «el encargado de ayudar, en los centros escolares, a los alumnos inmigrantes en el proceso de incorporación al centro y con una clara intención de facilitarles el aprendizaje, haciéndoles más accesibles los contenidos impartidos». Esta actuación ha de ser llevada a cabo de forma intencionada y sistemática que permita a los alumnos alcanzar los objetivos fijados y al mismo tiempo les dé la posibilidad, no solo de conocer la cultura en la que les toca vivir, sino que también sean capaces de transmitir al resto de alumnos aspectos propios relacionados con su cultura. Por otra parte, el mediador intercultural sería la persona encargada de dotar al recién llegado de los instrumentos necesarios para desenvolverse como persona y participar de una manera activa en la clase, así como de conseguir que el alumno recién incorporado se sienta un igual entre ellos y, de esa manera, pueda alcanzar más rápidamente el objetivo prioritario, que no es otro que el de su plena integración en el grupo.

En este contexto, la mediación se realiza entre grupos «culturalmente diversos» y se concreta, al igual que en la mediación escolar, en actuaciones dirigidas a facilitar la comunicación y la resolución de conflictos, aunque en este caso son conflictos derivados, supuestamente, de la falta de entendimiento entre culturas. Es decir, conflictos «interculturales». En este modelo de intervención se incorpora un agente externo al centro escolar, habitualmente perteneciente a otra institución o entidad (ayuntamientos, oenegés, sindicatos o asociaciones). La figura del mediador intercultural en el contexto escolar aún no está ampliamente extendida, no todos los centros escolares cuentan con una persona externa al centro que adopta el rol de mediador intercultural institucionalizado, por lo que comúnmente suele recurrirse a la figura del mediador intercultural natural. En este contexto, el docente entiende por mediador intercultural al alumno o compañero que es competente en ambas lenguas, el materno y el de «acogida», así como a algún padre o madre extranjero que simplemente actúa como traductor o intérprete.

Como forma de mediación, la intercultural cumple las siguientes características: es una forma de resolver conflictos entre dos o más personas con la ayuda de una tercera persona imparcial: el mediador o mediadora. En el ámbito educativo, la figura del mediador puede ser ejercida por alumnos, padres, o profesores. No ejercen de jueces ni árbitros, no imponen soluciones ni opinan sobre quién tiene la verdad. Buscan satisfacer las necesidades de las partes en disputa, regulando el proceso de comunicación y reconduciéndolo por medio de unos pasos concretos. Se necesita la colaboración de las partes, para que sea posible llegar a una solución en la que todos ganen, o al menos queden satisfechos con el acuerdo alcanzado. La mediación debe ser voluntaria, confidencial, y estar basada en el diálogo. Sigue una serie de fases en las que se promueven la comunicación y el entendimiento entre las partes en conflicto. Estas fases se pueden especificar como sigue:

- *La fase inicial.* Tiene gran importancia en la atribución de credibilidad al mediador: se clarifica su papel neutral desde el primer encuentro, se explican las reglas básicas que guiarán el proceso y se deja constancia del carácter voluntario, confidencial y cooperativo de la misma. La escucha y el respeto se establecen como elementos indispensables.
- *La fase de desarrollo.* Es la más amplia y supone el núcleo del proceso de mediación y se inicia con la exposición de los motivos generadores del conflicto. La persona que asume la mediación debe realizar un retorno de la información proporcionada por cada parte con la finalidad de clarificar el conflicto. A partir de este momento se pueden dar nuevas ideas y puntos de vista que permitan modificar el enfoque de la negociación. Se debe diferenciar entre posiciones e intereses, focalizando el diálogo en estos últimos, y contemplando posibles alternativas que hagan posible cubrir los intereses de ambas partes. Finalmente se trata de humanizar la situación.
- *La fase final.* Supone la concreción de alternativas que deben permitir el establecimiento del acuerdo. Deben clarificarse los compromisos que asume cada parte para resolver el conflicto prestando especial atención a la comunicación entre ellas. Una vez clarificadas las posibles soluciones, deben formalizarse en un documento que ha de ser firmado por ambas partes. (Del Campo: 9-10).

El término «mediación» puede tener diferentes enfoques según Díez y Tapia (1999):

1. Modelo de Harvard. Presenta un carácter técnico cuyo cometido es la obtención de acuerdos que satisfagan los intereses de las partes.
2. Modelo transformador. Tiene presente el modelo de Harvard, pero adquiere mayor trascendencia el proceso como elemento generador de cambio personal que el acuerdo en sí.
3. Modelo narrativo. La importancia recae en que las partes cambien sus discursos y narraciones sobre el conflicto.

Suares (1996) ofrece una clasificación sobre los principales modelos de mediación que puede ser una buena orientación general. En ella encontramos estos tres modelos, sobre los que Giménez (2001) realiza un interesante estudio, basados en cómo deben aplicarse de manera específica al ámbito de la mediación intercultural. Señala el autor que no son los únicos modelos existentes, e indica la necesidad de tener en cuenta que todos los modelos aportan elementos valiosos. Es conveniente por lo tanto incorporar a la práctica los aspectos que sirven de cada uno de ellos en cada caso concreto. Al final de su interesante descripción de las aportaciones de cada uno de los modelos a la mediación intercultural, el autor concluye varios aspectos que hay que tener en cuenta: es necesario avanzar en la fundamentación teórica y metodológica de la mediación intercultural, debemos ir hacia una metodología integradora o unificadora en mediación intercultural. Algunas categorías centrales de este tipo de mediación deben ser las del diálogo intercultural, las opciones de beneficio mutuo, la revalorización, el reconocimiento, la legitimación y la historia alternativa. Debe prestar atención no solo a los contenidos de las relaciones sociales multiculturales, sino a las relaciones en sí mismas, ubicando ambas en sus contextos. Más que en el acuerdo, el énfasis debe ponerse en la mejora de la relación y de la comunicación y entre sus finalidades deben estar la mejora de las relaciones interétnicas y el logro de la comunicación intercultural. Se debe partir de que la conflictividad interétnica tiene diversas causas y de que éstas se retroalimentan entre sí (Giménez, 2001: 99).

Para terminar este apartado, señalaremos las que Martínez de Murguía (1999) resume como habilidades mínimas personales y profesionales necesarias para llevar adecuadamente el proceso de mediación: la capacidad para controlar la ira de los disputantes y reconducirla hacia la comunicación, la habilidad para no tomar partido, la capacidad para tener una perspectiva global del problema y para plantear cuestiones considerables, la creatividad en el desempeño de estrategias para evitar el estancamiento y el gran conocimiento del ámbito particular del conflicto. Por otro lado, la actividad del mediador debe centrarse en los siguientes objetivos:

- Ayudar a los disputantes a solucionar el conflicto.
- Adquirir previamente un amplio conocimiento del contexto que encuadra la situación conflictiva y optar, así, por la vía de desarrollo más acorde.

- Actuar para que las partes tengan otra versión del conflicto e incluso visualicen y comprendan los elementos positivos de la opinión del adversario.
- Instaurar puentes de unión entre los disputantes ayudándolos a identificar tanto los intereses comunes, como los que llevaría consigo una mediación célebre.
- Incitar a las partes a buscar nuevas perspectivas para resolver el conflicto. En ningún momento debe imponerse una solución, son las partes las que deben llegar a ese acuerdo.
- Estimular la comunicación respetando y escuchando a cada disputante impidiendo estancamientos, ofreciendo alternativas, evitando la superioridad de alguna de las partes y generando actitudes en los interesados que conlleven a una solución beneficiosa para estos.

La mediación intercultural es un proceso que necesita atención y planificación. Por planificación entendemos la plasmación por escrito de un proyecto en el que figurarán la disposición y ordenación de todas las operaciones que debemos realizar para lograr los objetivos propuestos, entendido todo ello desde un contexto determinado.

En torno a los objetivos que se pretenden conseguir en el plan de trabajo del mediador se incluyen las actividades que es necesario realizar para alcanzar los objetivos propuestos, la metodología general de trabajo que utilizará el mediador (técnicas, estrategias y actividades), la evaluación del trabajo que desempeña y el papel que juegan los recursos. Cabe apuntar que estos elementos del plan de actuación tienen carácter sistémico, lo que significa que el planteamiento de objetivos nos ayudará a determinar las estrategias metodológicas, el tipo de actividades, los recursos y los momentos y formas de evaluación.

4.6 Conclusiones o cómo planificar un proyecto de mediación intercultural escolar

Es cierto que todos los autores consultados señalan el deficitario planteamiento que se hace de la mediación intercultural en los contextos escolares. No es posible que se plantee como un método para la resolución de conflictos únicamente relacionados con alumnado extranjero, esto no hace sino aumentar las diferencias etnoculturales.

Esto estaría en contra además de todo lo que se indica desde la idea de ciudadanía intercultural respecto a la convivencia y la diversidad y en contra de la filosofía de base de la propia dimensión europea de la educación, que busca básicamente un proceso de integración voluntario y pacífico de las diferentes identidades que componen las sociedades multiculturales a través del desarrollo de valores basados en la convivencia y la resolución positiva y enriquecedora de los conflictos. En lo que a esta propuesta se refiere, entendemos que una planificación adecuada de la intervención en mediación intercultural debería contemplar los siguientes pasos (Soriano, 2006):

4.6.1 Contexto y objetivos

Es conveniente al abordar un plan de trabajo, comenzar analizando la realidad social, económica, cultural, ambiental, etc., donde debe llevarse a cabo, es decir, contextualizar el plan de trabajo. En la contextualización del plan de trabajo pueden destacarse tres apartados significativos:

- Necesidad de elaborar una justificación del plan de trabajo. En esta justificación se deben señalar los rasgos básicos en los que se sustenta.
- Análisis del entorno de actuación. En este punto se especificarán aspectos más sobresalientes, fuentes y recursos.
- Es el momento de concretar el modelo de mediación que se pretende llevar a cabo, para ello se ha de tener en cuenta el análisis de las necesidades prioritarias, qué se entiende por mediación y en qué consiste actuar como mediador.

Una vez contextualizado el plan de trabajo deberíamos plantearnos los objetivos como las metas que van a orientar todas las actividades a realizar. Formular objetivos para el mediador cumple dos funciones básicas:

- Orienta el proceso que ha de realizar, ya que la definición de los objetivos facilita seleccionar los métodos más adecuados y eficaces para conseguirlos.
- Posibilita la evaluación y regula los resultados de este proceso.

4.6.2 Metodología de trabajo

Con «metodología» nos referimos a las prácticas, rutinas y procedimientos concretados en actividades que son empleados por el mediador en su tarea diaria. Los procedimientos son los recursos de los que se sirve el mediador para ir concretando su plan de trabajo con el fin de lograr los objetivos propuestos y favorecer un trabajo de calidad. Se recomienda que las actividades se asienten sobre tres criterios fundamentales: la adecuación, la significación y la validez. La validez y la significación aparecen si se tienen en cuenta los objetivos marcados para determinar las actividades es decir, han de cubrir todos los objetivos. En cuanto a la adecuación, hemos de procurar adaptarnos y ajustarnos a nuestro contexto y al que se dirige la mediación teniendo en cuenta sus características. Es preciso no olvidar que tanto la acción mediadora como las estrategias metodológicas se ven constreñidas en gran medida por el contexto donde se ejerce la mediación. Algunos presupuestos básicos sobre los que se asientan las estrategias son: las relaciones de comunicación (la competencia comunicativa intercultural); la organización de las tareas y el trabajo con otros miembros del grupo, la solución de conflictos, el trabajo en pequeños grupos y la discusión en grupos. Algunos ejemplos de actividades que realiza un mediador en el ámbito escolar podrían ser los siguientes:

- Actividades de acogida junto al/la profesor/a tutor. Siendo el objetivo de estas actividades facilitar el conocimiento inicial y establecer relaciones afectivas basadas en la aceptación y el reconocimiento mutuo, para disminuir la inseguridad y el miedo del nuevo alumno/a ante un medio desconocido.
- Recogida de información personal y sobre el entorno familiar de cada uno de los alumnos para conocerlos más adecuadamente.
- Actuar en colaboración con otros profesionales para determinar el nivel curricular y otras actividades de evaluación a realizar con los recién llegados.
- Acompañamiento a las familias en el periodo de matriculación del alumnado, información a las familias del sistema educativo español y sobre la escuela a la que van a asistir sus hijos.
- Relacionar a los padres con el profesorado de sus hijos y establecer buenos lazos entre escuela y familia.
- Traducir documentos como cartas, convocatorias, autorizaciones, etcétera, que se envían a las familias, etc.

- Reuniones quincenales con el grupo de profesores de un nivel para participar en su programación.
- Reuniones semanales de trabajo y evaluación con los otros miembros del equipo.
- Colaborar con el profesorado diseñando actividades de integración entre culturas.

4.6.3 La evaluación

El concepto de «evaluación» ha pasado de entenderse como la mera constatación de una hipótesis (medida), a tener una función del valor (valoración) y de toma de decisiones. La evaluación es un proceso que consiste en comparar cómo son y cómo se están desarrollando las actividades con el cómo deberían ser y cómo deberían desarrollarse. Por eso, igual que la evaluación requiere buenas dosis de cómo son las cosas, también precisa un buen cálculo de la forma en la que deberían ser para que haya una toma de decisiones activas por parte del evaluador. Cuando evaluamos hacemos comparaciones, se anotan diferencias, resumimos nuestros hallazgos y establecemos conclusiones sobre nuestros resultados para tomar decisiones. Respecto a qué evaluar, se propone que se especifiquen y clarifiquen los objetivos para determinar de manera más adecuada las estrategias de evaluación Se recomienda que la evaluación tenga efecto *feed-back*. Otro aspecto a tener en cuenta es que la evaluación debe permitir la valoración de la competencia técnica y profesional (saber afrontar situaciones prácticas).

La evaluación nos informa del ajuste de nuestro plan al contexto, cómo se ha desarrollado el proceso y cuáles son los productos obtenidos:

- Permite detectar deficiencias en nuestro proyecto de trabajo a medida que se desarrolla, lo que determina la función de ayuda y de orientación constante. Nos proporciona, además, una visión de la consecución de los objetivos planteados.
- La evaluación permite comprobar si se está cumpliendo correctamente con nuestra tarea.
- Los resultados de la evaluación pueden poner de relieve cuáles han sido las causas que han motivado las deficiencias en el logro de los objetivos propuestos.
- Finalmente, la evaluación permite al mediador hacer un replanteamiento de su plan de trabajo.

Respecto a los momentos en que se puede realizar la evaluación, encontramos los siguientes:

- *La evaluación inicial o de diagnóstico.* Tiene como objeto adecuar el plan de trabajo del mediador a las necesidades reales. Insistimos en la importancia de la evaluación inicial como elemento que nos sirva de punto de partida y guía para la atención educativa del alumno o alumna inmigrante.
- *La evaluación del proceso.* Es una evaluación formativa y, como tal, tiene por objeto aportar información que retroalimente los planteamientos, metodología, el plan de trabajo, etc. Se evaluará a través de la observación y las dinámicas desarrolladas.
- *La evaluación final o global.* Tiene como finalidad comprobar el grado de consecución de los objetivos señalados por el mediador en su plan de trabajo. Esta evaluación es de índole sumativa.

Las fases del proceso evaluativo son:

- *La fase del propósito.* En esta fase se debe dejar claro qué y para qué evaluar. Para completar esta fase debería darse respuesta a los siguientes interrogantes: ¿qué intento hacer? delimitar la dimensión, subdimensión, aspecto, etc. que se desea evaluar centrando el tema de evaluación a un nivel realista. ¿Para qué?, ¿cuál es el propósito de la evaluación?, ¿cuál es el propósito de la actividad evaluada?, ¿cuál será el criterio de evaluación?
- *La fase de información.* En esta fase contemplaremos la recogida de información que realiza el mediador intercultural y el análisis de la misma. Las cuestiones que aquí se plantean son: ¿qué información necesito para la evaluación?, ¿de quién se recogerá esa información?, ¿dónde se recogerá esa información?, ¿cuándo se recogerá esa información y cuándo se acabará el proceso de la evaluación?, ¿cómo se recogerá la información y qué técnicas se usarán para recogerla?, ¿cómo y cuándo se analizará la información?, ¿se analizarán datos cuantitativos o cualitativos?
- *La fase del informe.* En ella se dará respuesta a las siguientes preguntas: ¿cómo se presentará la información recogida en la evaluación?, ¿cómo se usará la información?, ¿qué acciones seguirán? Cabe señalar, por último, que entre las técnicas más idóneas para la recogida de información por parte de un mediador están las siguientes: la observación, las notas de campo y diarios, la entre-

vista, el cuestionario, el análisis de la información y el informe de evaluación.

No queremos finalizar sin insistir en algo que señala Ortiz (2006) con gran acierto. Hay tres líneas de intervención que están poco atendidas en las escuelas y que, de ser tenidas en cuenta, mejorarían la práctica de la mediación intercultural. Son:

- Facilitar activamente la convivencia, la tolerancia y el respeto hacia el «otro» en la escuela yendo más allá de la resolución de conflictos, esto es, mediante la implantación de programas de sensibilización.
- Implicarse y participar en la toma de decisiones de la vida del centro asistiendo a las reuniones y colaborando, junto con los tutores, en la planificación de actividades, en la elaboración de proyectos educativos, etc. En este sentido, y desde nuestra perspectiva, apostaríamos más por un profesional vinculado al ámbito educativo (un maestro, un psicopedagogo, un pedagogo que si bien no ejerce como tal, sí tiene la formación necesaria en todo lo que concierne a la vida escolar).
- Servir de puente entre las madres/padres y el centro a través de consejos escolares o de las asociaciones de padres y madres (AMPA). Para ello, no sólo se podría intervenir con los padres, sino también con los propios docentes y con el equipo directivo estimulando la transformación de los cauces y espacios de participación (ampliando los horarios de tutoría, traduciendo documentos, ofreciendo sesiones informativas sobre el sistema educativo, etcétera) y adaptándolos a las características e intereses de las diversas familias.

Bibliografía

Andalucía Acoge (1999). «El mediador intercultural en los servicios educativos. Propuesta de acción de Andalucía Acoge». *Seminari transnacional de mediació intercultural*. 22 y 23 de abril. Barcelona: Diputación de Barcelona, Area de Serveis Socials.

Cohen-Emérique, M. (1997). *La négotiation interculturelle phase esentielle de l'integration des migrants. Hommes et Migrations*, 1208, pp. 9-23.

Cortina, A. (2004). «Ciudadanía intercultural». En: J. Conill (Ed.), *Glosario para una sociedad intercultural*. Madrid: Bancaja.

— (2001). *Ciudadanos del mundo. Hacía una teoría de la ciudadanía*. Madrid: Alianza.

Del Barrio, C.; Van der Meulen, Kevin; Barrios, Ángela. (2002). «Otro tipo de maltrato: el abuso de poder entre escolares». *Bienestar y Protección Infantil*, 1 (3).

Del Campo, J. (2003). «Resolución de conflictos en realidades multiculturales». En: Soriano, E. (coord.). *Diversidad étnica y sociocultural en las aulas* (pp. 159-179). Madrid: La Muralla.

Delors, J. (1996). *La educación encierra un tesoro*. Madrid: Santillana-Ediciones UNESCO.

Díez, F.; Tapia, G. (1999). *Herramientas para trabajar en mediación*. Barcelona: Paidós.

Entelman, R. F. (2001). *Teoría de conflictos. Hacia un nuevo paradigma*. Barcelona: Gedisa.

Fried, D. (comp.) (2000). *Nuevos paradigmas en la resolución de conflictos*. Buenos Aires: Granica.

Giménez, C. (1997). «La naturaleza de la mediación intercultural». *Migraciones*, 2, pp. 125-159.

— (2001). «Modelos de mediación y su aplicación en mediación intercultural». *Migraciones*, 10, p. 59-110.

— (2002). *El corazón de Madrid. El Servicio de Mediación Social Intercultural* (SEMSI). Madrid: Ayuntamiento de Madrid, Área de Servicios Sociales.

Hartup, W. W. (1992). «Friendships and their developmentl significance». En: H. McGurk (ed.). *Childhood Social Development. Contemporary perspectives* (pp. 175-205). Reino Unido: LEA.

Martínez de Murguía, B. (1999). *Mediación y resolución de conflictos*. Barcelona: Paidós.

Martiniello, M. (2003). «Planteamiento teórico sobre mediación intercultural». Original publicado en *Médiations, institutions, cultures*. Informe no publicado de la investigación financiada por la Diréction Générale de l'Action Sociale et de la Sante Region Wallonne.

Munck, J. (1995). *La mediación en la gestión de conflictos*. Fuente: <www.sappiens.com>.

Oñate Cantero, A.; Piñuel y Zabala, Iñaki. (2005). *Informe Cisneros VII. «Violencia y acoso escolar» en alumnos de primaria, ESO y bachiller. Informe Preliminar*. Instituto de Innovación Educativa y Desarrollo Directivo.

Ortega, R.; del Rey, R. (2004). *Construir la convivencia*. Barcelona: Edebé.

— (2006). «La mediación escolar en el marco de la construcción de la convivencia y la prevención de la violencia. Avances en supervisión educativa». *Revista de la Asociación de Inspectores de Educación de España*, 2, pp. 1-13.

Ortiz Cobo, M. (2006). «Interculturalidad en la mediación escolar». *Portularia*, vol. VI (1), pp. 7-16.

Pérez Crespo, M. J. (2003). «La mediación escolar, proceso de suma de dos modelos de intervención mediadora en la escuela: los programas de mediación escolar y la mediación social intercultural a su paso por instituciones educativas». *Educación y futuro: revista de investigación aplicada y experiencias educativas*, 8, pp. 91-100.

Piaget, J. (1932). *Le jugement moral chez l'enfant*. París: Alcan.

Rodríguez, M. (2002). «Respuestas educativas al desarrollo de la identidad europea». En: Bartolomé, M. (coord.). *Identidad y Ciudadanía. Un reto a la educación intercultural*. Madrid: Narcea.

Salmivalli, C.; Voeten, M. (2002). «Connections between attitudes, group norms, and behavior in bullying situations». Texto presentado en International Society for Research on Agression.

Schnitman, D. F. (2000). *Nuevos paradigmas en la resolución de conflictos: perspectivas y prácticas*. Barcelona: Granica.

Soriano, E.; Fuentes, C. (2003). «Planificación de la mediación intercultural en los contextos educativos». En: E. Soriano (coord.). *Diversidad étnica y cultural en las aulas* (pp. 181-212). Madrid: La Muralla.

Soriano, E. (2006). «Competencias ciudadanas en el alumnado de segundo ciclo de Educación Secundaria Obligatoria de Almería». *Revista de Investigación Educativa*, vol. 24, n.º 1, pp. 119-146.

Suares, M. (1996). *Mediación. Conducción de disputa, comunicación y técnicas*. Barcelona: Paidós.

Sullivan, K. (2000). *The anti-bullying handbook*. Auckland: Oxford University Press.

Torrego, J. C. y otros (2000): *Mediación en conflictos en instituciones educativas*. Madrid: Narcea.

Trianes, M. V.; García, Antonio. (2002). «Educación socio-afectiva y prevención de conflictos interpersonales en los centros escolares». *Revista Interuniversitaria de formación del profesorado*, 44, pp. 175-189.

VV. AA. (2002). *Mediación Intercultural. Una propuesta para la formación*. Madrid: Editorial Popular.

VV. AA. (2005). *La mediación escolar. Una estrategia para abordar el conflicto*. Barcelona: Graó.

VV. AA. (2006). *Orientaciones sobre el acoso escolar*: Consejería de Educación y Ciencia del Principado de Asturias.

5. La formación del profesorado para una escuela intercultural

Andrés Escarbajal Frutos.
Universidad de Murcia

5.1 Introducción

El tercer milenio se inició con la creciente interdependencia económica, científica, cultural y política mundial en un planeta cada vez más multicultural y multiétnico, debido a las enormes diferencias económicas entre países pero también a las guerras, a los fundamentalismos religiosos y políticos, a la situación de las mujeres en espacios determinados, a la globalización de los mercados, a la apertura de las fronteras económicas, al auge de las tecnologías de la información y la comunicación... Todo ello ha fomentado el encuentro entre personas de diferentes culturas, etnias, lenguas y comportamientos. Y, naturalmente, la escuela, la institución educativa básica, no puede (ni debe) sustraerse a esta situación, pues se ve profundamente afectada por ella, ya que es llamada a ejercer nuevos objetivos que muchas veces generan inseguridad, ansiedad e incertidumbre en los docentes. Y es que la sociedad sigue manteniendo la firme convicción de que muchos de los problemas sociales actuales podrían ser atenuados o solucionados si sabemos cómo educar desde la escuela.

Sabemos también que la globalización económica ha creado en las grandes ciudades enormes bolsas de desempleo y marginación, empleo precario, subempleo y pluriempleo, etc. Estas condiciones hacen difícil atender adecuadamente a los hijos, por lo que a menudo suelen quedar en manos de terceras personas, influyendo así negativamente en el equilibrio afectivo de los alumnos y en su capacidad para la convivencia y el aprendizaje. Estos problemas se agudizan, naturalmente, en el caso de los alumnos hijos de inmigrantes, que suelen vivir en barrios periféricos alejados de servicios imprescindibles en los que viven con drama el desarraigo, las actitudes racistas y los prejuicios de algunos sectores del país de acogida. Evidentemente, y como bien apunta Santos Guerra (2010: 176), no es ese precisamente un buen caldo de cultivo para una educación intercultural.

Así que, en la sociedad compleja, pluricultural y globalizada en la que nos ha tocado vivir, es urgente reconocer a la educación un rol de primer orden para la promoción de la interculturalidad que, entre otras cosas, implica generar actitudes de empatía y de sensibilidad hacia los diferentes. Requieren la habilidad de saber interpretar los símbolos de los otros, conllevan procesos de adaptación y de aprendizaje y comportan acciones combinadas y colaboraciones que produzcan un resultado total mayor de la suma de los resultados individuales, buscando encontrar soluciones integradas. A juicio de Agostino Portera (2006), la respuesta pedagógica más coherente parece estar contenida en el concepto de *pedagogía intercultural*, que puede considerarse como una verdadera *revolución pedagógica*.

Efectivamente, podemos constatar cómo prácticamente todas las alternativas y respuestas que emanan desde los ámbitos del pensamiento educativo se refieren a la interculturalidad como marco de referencia, como marco de aproximación al tratamiento de la diversidad cultural; una filosofía heredera de un largo y difícil proceso tendente a dar respuesta a las relaciones planteadas por personas y grupos de diferentes culturas propugnando la defensa de la igualdad jurídica de todos los seres humanos y del respeto a las diferentes manifestaciones personales y socioculturales (García, 2009: 17). Por tanto, la interculturalidad se ha convertido en asunto del máximo interés para todos.

Y, como dice de Lucas (2009: 30), hay que repetir, por mucho que nos canse, que la interculturalidad como proyecto no es el resultado de la presencia de la inmigración, sino una condición de gestión democrática de la sociedad plural. La diversidad es una expresión de la condición humana, por lo que no cabe concebirla como un problema sino como una situación, una realidad que cabe gestionar bajo los parámetros de una sociedad denominada democrática e inclusiva (Etxeberría, 2004).

Partiendo de estos postulados, la interculturalidad se orienta hacia la necesidad de materializar una educación de calidad para todos y todas. En consecuencia, el desarrollo de una educación intercultural pasa por establecer procesos de cambio y mejora en el seno de las instituciones educativas tendentes a ese gran objetivo. Naturalmente, para ello es necesario implementar una serie de cambios profundos de todo tipo, fundamentalmente organizativos, curriculares y metodológicos en los centros educativos, que permitan la puesta en práctica de acciones efectivas encaminadas a la consecución de tal propósito (Arnaiz y otros, 2010); por lo que la formación del profesorado adquiere suma importancia.

La mayor parte del trabajo del docente que actúa en situaciones de pluriculturalidad, como es evidente, consiste en ir dando respuesta a las situaciones que se le presentan en el aula, aunque también es verdad que muchas veces suele ir tomando decisiones partiendo de informaciones limitadas. En esos casos, sus decisiones (y actuaciones) pueden ser más reactivas que reflexivas, más intuitivas que racionales y, frecuentemente, más rutinarias que conscientes. Sin embargo, deberían ser todo lo contrario, y además, deberían ser compartidas con otros profesionales. Por esta razón, atender al pensamiento complejo se ha convertido en una competencia fundamental para los docentes en el mundo actual. Lo que sucede es que normalmente el trabajo del docente está mediatizado por la necesidad de responder pronto a las demandas de la Administración y de los propios alumnos.

5.2 El contexto: la escuela intercultural

La cuestión importante a plantear respecto al papel de la educación en los procesos de inclusión es en qué condiciones de justicia e igualdad se negocia la misma. Hemos de lograr espacios sociales legitimados, compartir con igualdad de oportunidades y equitativamente el acceso a los bienes y servicios de la sociedad, y adquirir tanto derechos como obligaciones no discriminatorios. Por eso, el discurso de la integración es insuficiente; es mucho más adecuado hablar de construir una sociedad intercultural e inclusiva y no tanto de integración (Checa y Arjona, 2006). Y esto último, desde nuestro punto de vista, pasa irremediablemente por la escuela.

La escuela apostará por la inclusión si se orienta a la consecución de fines y valores morales alcanzables por la vía del consenso libre y abierto a la participación igualitaria de todos los miembros de una comunidad, sin discriminación. Educar para el pluralismo y la inclusión supone educar en el respeto a todas las personas, independientemente de su procedencia cultural o sus características sociopersonales, contribuyendo a la formación de ciudadanos capaces de integrarse social y culturalmente sin perder su propia identidad personal y cultural. Por ello, la aproximación intercultural debería contener una dimensión política y educar en la *ciudadanía democrática* (Gundara, 2000: 48). El proyecto intercultural no debería detenerse en el ámbito cultural, sino que debería abarcar la totalidad del quehacer humano, desde lo social a lo económico y desde lo individual a lo político.

La experiencia ha demostrado que solo es eficaz el proyecto intercultural que va acompañado del pleno disfrute de los derechos humanos y civiles. Además, se ha de tener en cuenta que la educación intercultural, cuando tiene que ver con condiciones sociales concretas, no puede realizarse sin que surjan conflictos, puesto que las necesidades y los intereses, que difieren según las personas y los grupos y en función de su origen sociocultural, deben negociarse y, en su caso, ser objeto de un acuerdo teniendo en cuenta que el objetivo es encontrar una base sólida para una convivencia en la cooperación. Conflicto, interés y solidaridad son, por lo tanto, categorías políticas que deben ser objeto de una educación inclusiva. En estas circunstancias, la educación intercultural es un entrenamiento para la democracia.

No obstante, hemos de reconocer que falta aún camino por recorrer para afianzar la idea de que la educación intercultural alude a una tendencia reformadora tanto a nivel teórico como práctico que forma parte de un interés internacional por tener en cuenta los diversos grupos sociales y culturales, aunque ya sabemos que no todas las «soluciones» dadas a la situación de pluriculturalidad son dignas de llamarse interculturales. Obviamente, la educación intercultural no es la panacea en la eliminación de los prejuicios, pero sí debe ser entendida como un proceso intencional, sistemático y a largo plazo que, unido a otros procesos educativos, escolares y sociales, está destinado a capacitar a individuos y grupos para hacer frente a tales prejuicios y a sus manifestaciones sociales, a través de estrategias educativas y sociales vinculadas a las condiciones políticas y a las prácticas sociales de sus destinatarios (Escarbajal Frutos, 2009). No debe ser considerada, pues, como un instrumento coyuntural, ocasional y discontinuo, como se ha venido haciendo generalmente, sino situándola como una modalidad educativa irrenunciable para lograr la inclusión de todas las personas (Bartolomé y otros, 2000: 267).

En ese contexto, la escuela actual implica la presencia de alumnos con intereses, motivaciones, valores, ideas, y sentimientos diferentes que también pueden ser de otras culturas. La mera presencia de estos alumnos demanda introducir cambios acordes con la filosofía de la educación intercultural si queremos que progresen académica y personalmente. Sin embargo, la diversidad, sobre todo cultural, ha sido entendida tradicionalmente en la escuela desde una óptica negativa poniendo énfasis en las carencias de ciertos alumnos, por lo que la actuación docente era canalizada en «tratamientos» diferenciados. Y no debe ser así, en la escuela intercultural se deben crear vínculos de reconocimiento, respeto, solidaridad y amistad. Aprender a vivir juntos es apostar por la pedagogía del encuentro, por una pedagogía intercultural que transforme la escuela en un espacio de comunicación. Así, creemos que pueden ser pertinentes los siguientes principios orientadores de la escuela intercultural (Escarbajal Frutos, 2009):

- Necesidad de adoptar una mayor sensibilidad hacia las diferencias de todo tipo existentes en el aula, lo que posibilitará una mejor atención a la diversidad, estableciendo un enfoque curricular que parta de la eliminación de prejuicios y estereotipos.
- Desarrollar competencias culturales, lingüísticas y comunicativas diversas de modo que los valores propios de la diversidad y el pluralismo cultural sean parte central del currículum formativo.
- Ampliar las posibilidades educativas de las minorías a través de su capacitación formativa y de su *autopercepción* positiva, lo que repercutirá de manera óptima en la configuración curricular.

Naturalmente, una pedagogía del encuentro intercultural, exige un cambio en nuestra manera tradicional de entender la práctica educativa. Como expresa Godenzzi (1999: 327), frente a un «sentido común» que separa y desprecia a quien es diferente, la escuela tiene la tarea de contribuir a crear una cultura conversacional y a generar una modalidad inclusiva en la interacción; lo que, entre otras cosas, significa desaprender y reaprender, cambiar hábitos, prejuicios y actitudes. Por eso, la escuela intercultural debe plantear, como una de sus finalidades esenciales, que los alumnos de todas las culturas y características se formen como ciudadanos del mundo, ciudadanos libres, críticos, iguales, justos y solidarios, que desarrollen la ciudadanía ética, política, cívica, ecológica e intercultural (Domínguez y Feito, 2007: 14). A este respecto, Domínguez (2007: 31-34) resume las características de una escuela inclusiva y democrática:

- Es una escuela abierta a todos los ciudadanos, sin distinción de culturas, valores, religiones ni características sociopersonales. Por tanto, es una escuela que no discrimina a nadie. Es, además, una escuela pública, popular y laica, tolerante y nada uniformadora ni asimiladora.
- Es una escuela creada, dirigida y gestionada desde la comunidad que busca la autogestión y el autogobierno. Ello implica el reconocimiento de la plena autonomía de las comunidades locales.
- Los fines generales deben estar diseñados en función del respeto a todos los alumnos como sujetos libres y autónomos, como ciudadanos del mundo capaces de desarrollar competencias de manera crítica y autocrítica.
- Es una escuela con una gestión democrática y con un currículum integrador y respetuoso con la diversidad.
- Es, finalmente, una escuela con una metodología y unos procedimientos didácticos que fomentan la participación de todos los alumnos y el trabajo colaborativo porque cree en el alumno como protagonista en los procesos de aprendizaje-enseñanza.

5.3 La formación del profesorado

Por todo lo anteriormente expuesto, la formación del profesorado ha venido siendo un eje notable de interés en la política educativa de la Unión Europea desde los inicios del siglo XXI, pues ya se incluía entre los *16 Indicadores de Calidad* propuestos por la Comisión en mayo de 2007. Dicho documento, surgido desde la Dirección General de Educación y Cultura de la Comisión Europea, fue el resultado de un análisis sobre los indicadores que podrían servir para medir la calidad educativa. Los indicadores elegidos se organizan en cuatro grandes bloques: logro escolar (entendido como rendimiento); éxito y transición (entendida como porcentaje de estudiantes que están escolarizados en cada nivel —respecto del total de la población de la edad correspondiente— y que van pasando de un nivel al siguiente); seguimiento educativo (elementos del sistema desplegados para el apoyo a los alumnos); y recursos y estructuras (tanto materiales y financieros como humanos). En este último bloque se señala como primer indicador la formación de profesorado. Algunos contenidos destacables de esos principios del documento de 2007 han sido resumidos por Arnaiz, Martínez Abellán y Escarbajal Frutos (2010):

- La profesión docente debe estar bien cualificada, con un mínimo de formación equivalente al Grado, multidisciplinar y en la que destaque la formación pedagógica.
- La formación de profesorado debe enmarcarse en el modelo de *lifelong learning* y el aprendizaje por competencias. Ello incluye la necesidad de implicar a la Admninistración y los propios profesores en la formación permanente de éstos
- Se debe estimular y facilitar la movilidad de los profesores.
- El ejercicio profesional debe desarrollarse en un modelo cooperativo-colaborativo que promueva, al mismo tiempo, redes interinstitucionales entre centros educativos de diversos países.

Y es normal que así deba ser, porque en las sociedades democráticas actuales se demanda un nuevo profesional de la educación con capacidad para renovar la enseñanza y la propia escuela en sus estructuras más profundas (Moya y García, 2006). En su formación, se pretende conseguir un perfil de profesor diferente del tradicional, que sea capaz de organizar, estimular y mediar en los procesos de enseñanza-aprendizaje de los alumnos y con capacidad para analizar el contexto en el que se desarrolla su actividad educativa. Un profesor capaz de utilizar una amplia gama de estrategias de enseñanza para dar respuesta a la diversidad presente en las aulas, con el fin de proporcionar a sus alumnos una respuesta educativa adecuada (Rault, 2004). Un buen docente debe identificar tanto los puntos más fuertes de sus alumnos como los puntos más débiles y ofrecer un abanico de posibilidades de apoyo y refuerzo educativo, a la vez que debe dominar varias técnicas de aprendizaje colaborativo y saber reconducir estas técnicas según las necesidades docentes y académicas.

Por ello, creemos que el rol de de los docentes debe cambiar: ya no se les debe exigir solamente que transmitan un determinado bagaje de saberes que contribuya al mecanismo de la socialización mediante la puesta en juego de los valores socialmente aceptables, sino que se les debe exigir también que participen y contribuyan al desarrollo personal, cultural y social de sus alumnos y que estimulen su vinculación con el medio comunitario en el que la escuela está situada, cumpliendo así con su cometido social (en un sentido no restrictivo).

Además, en la sociedad actual, diversa y pluricultural, tiene especial importancia el compromiso profesional de los docentes en la construcción de una escuela intercultural (Esteve, 2004), lo que supone que deben buscar herramientas que posibiliten una práctica cotidiana democrática y colaborativa. La reflexión sobre la práctica se presenta aquí como una herramienta imprescindible en la formación del profesorado para responder a la filosofía de la educación intercultural, y es que la presencia de alumnos diversos, heterogéneos, demanda cambios curriculares, organizativos y metodológicos, como comentamos anteriormente, pero también cambios en la formación del profesorado, cambios culturales (en lo que se refiere a la cultura escolar de cada centro) y cambios en la política educativa.

La escuela intercultural necesita profesores reflexivos (en el sentido dado a esta expresión por Donald Schön en su clásico libro de 1992), capaces de reflexionar no solo sobre la práctica, sino también de reflexionar sobre la práctica mientras se realiza dicha práctica, críticos, dinamizadores, competentes para trabajar y hacer trabajar colaborativamente. A juicio de varios autores ya clásicos y de referencia obligada en este ámbito (Popkewitz, 1987; Giroux, 1997), este profesor debería estar formado para aprender a manejar los tiempos y espacios escolares, y con ello nos referimos a la distribución de espacios de poder en el aula y a la flexibilidad en la aplicación de los tiempos, que en absoluto deben dominar la didáctica del aula (en educación, decía Rousseau, «perder» tiempo es la mayoría de las veces ganarlo). Además de ello, el docente que trabaja para la inclusión debe propiciar modelos de enseñanza que fomenten la autonomía de sus alumnos y la participación democrática en el aula.

Las propuestas de la escuela intercultural suponen una verdadera revolución en los sistemas tradicionales de formación del profesorado (López Torrijo, 2005) y un objetivo irrenunciable de cualquier programa de formación del profesorado es hacerles tomar conciencia del papel que les corresponde como agentes del cambio. Por ello, dentro de las funciones asignadas al profesor para una sociedad nueva que, como señala Esteve (2004), tiende a convertir en problemas educativos todos los problemas sociales pendientes, se destacan las siguientes: planificador de la enseñanza, mediador del aprendizaje, gestor del aula, evaluador, investigador e innovador.

Para cumplir con esas funciones, los docentes han de contar con variados y múltiples conocimientos de diferentes disciplinas académicas, que les permitan comprender, asumir, planificar y justificar sus prácticas diarias. Y el interés de sacar lo máximo posible de cada uno de sus alumnos es crucial para atender a la diversidad y en particular a esos alumnos que se encuentran en situación de desventaja (Escudero, 2010).

5.4 Sobre la formación intercultural en el contexto universitario

La filosofía de inicio debe ser formar de tal manera que los docentes sean capaces de desplegar buenas prácticas y de aprender de ellas reflexionando con sus compañeros, pero también con otros profesionales y con padres y madres, porque la educación intercultural no es un nuevo contenido ni una nueva estrategia metodológica, sino que reclama de todos los agentes sociales una convicción y una posición personales a favor de la sociedad inclusiva. Es ahí los docentes pueden y deben jugar un papel importante en el ámbito comunitario. La búsqueda de una educación intercultural requiere de cambios profundos en los centros, dichos cambios, no visibles a corto plazo, han de ser convenientemente aceptados, consensuados, programados y sistematizados por los equipos docentes, consiguiendo que, a medio o largo plazo, lleguen a formar parte de la cultura escolar.

De igual forma, el profesorado no debe olvidar que avanzar hacia sistemas educativos inclusivos requiere un cambio fundamental en la forma de pensar, abandonar el modelo del déficit y avanzar hacia el denominado *paradigma organizativo*, que rechaza las explicaciones del fracaso escolar, centradas exclusivamente en determinados alumnos, para considerar también las barreras para la participación y el aprendizaje presentes en los sistemas escolares y que se convierten en importantes obstáculos para muchos alumnos (Ainscow, 2001; Booth y Ainscow, 2002).

Dicho esto, cabe señalar que en la formación universitaria del profesorado de nuestro entorno europeo encontramos dos modelos claramente diferenciados: un modelo es el denominado *simultáneo*, en el que se produce a la vez la formación de los aspectos pedagógicos y de los contenidos disciplinares del futuro profesor. El otro modelo, denominado *consecutivo*, se caracteriza porque el profesor se forma primero como especialista de los contenidos que tendrá que enseñar y posteriormente adquiere la cualificación pedagógica necesaria para convertirse en profesor de esos contenidos de los que era ya, previamente, especialista. En la mayoría de los países europeos (con alguna excepción significativa como la de Francia) el modelo simultáneo se prefiere para la formación de maestros de Infantil y Primaria. Sin embargo, para la formación de los profesores en nivel de Educación Secundaria, tanto para la inferior como superior, nos encontramos ambos modelos casi igualmente extendidos. El modelo simultáneo es más propio de países del norte, centro y este de Europa (sirven de ejemplo Alemania, Suecia o Polonia), mientras que el modelo consecutivo predomina más en países del área mediterránea y de cultura latina (como es el caso de España, Francia o Italia) (Arnaiz, Martínez Abellán y Escarbajal Frutos, 2010).

Nosotros creemos que la formación de docentes para una educación intercultural debe tener carácter polivalente, lo que no significa que esos profesionales sean capaces de hacerlo todo y hacerlo bien, sino que su formación académica y práctica sea tal que les permita desarrollar variados tipos de estrategias de intervención, dadas las múltiples situaciones que se les presentará en sus lugares de trabajo. Cada vez más se reclama una formación inicial del profesorado que vaya más allá de la «simple» adquisición teórica de conceptos, teorías y metodologías. Pues «la actividad docente exige un nivel de profesionalismo mayor y no puede restringirse, simplemente, a dar contenidos» (Ferreiro, 2007: 60). La práctica educativa debe ser entendida por los profesores como un compromiso con los principios de calidad, igualdad y justicia social. Son responsabilidades que no deben ser entendidas como algo voluntario, sino como *ética profesional* (Escudero, 2009).

Por eso, los futuros profesionales de la educación deben ir construyendo, desde su formación universitaria, un determinado conocimiento teórico-práctico que les permita no solo la capacitación en competencias concretas, sino también, y fundamentalmente, que les haga más autónomos para abordar las diversas situaciones que encontrarán en sus actuaciones profesionales. Esto requiere estar formado para tener una visión global del mundo y sus problemas, voluntad para construir novedosas alternativas, plantear espacios físicos y temporales de solidaridad y, finalmente, construir de forma colectiva y creativa los conocimientos y las actitudes necesarios para el trabajo inclusivo. Por todo ello, consideramos necesario un modelo de formación del profesorado desde las dimensiones intelectuales, emocionales, sociales y políticas (Santos Guerra, 2010) que mejore dicha formación partiendo de la reflexión conjunta y teniendo en cuenta la peculiaridad de cada contexto.

Como señala Arnaiz (2003: 235), «sería aconsejable un currículum de formación inicial articulado en torno a una formación científica [...] y una formación pedagógica basada en una concepción del profesor como profesional reflexivo, práctico y crítico, donde las prácticas fueran un componente vertebrador de la formación, y los contenidos referidos a las diferencias individuales y socioculturales estuvieran suficientemente representados». Una formación en la que prime una conjunción de contenidos científicos y profesionales, de contenidos transversales y transdiciplinares, el dominio de una técnica profesional, el intercambio de experiencias cooperativas y la suficiente articulación teoría-práctica, en la que el profesor reflexiona e investiga de forma sistemática hasta adquirir la formación mínima que le permita satisfacer las necesidades específicas de cada alumno.

En todo caso, la formación de docentes para una educación intercultural debe estar vertebrada, como mínimo, en torno a (Caride, 2002: 125):

- La adquisición de un bagaje de contenidos científicos básicos, construidos, interpretados y explicados desde la interdisciplinariedad, fundamentalmente en el ámbito de las ciencias sociales y humanas. A esto se debe añadir una formación específica en el ámbito de la interculturalidad y la educación intercultural.
- Dominio de estrategias, técnicas, procedimientos, recursos y métodos que posibiliten la acción educativa en contextos de pluriculturalidad; sin obviar su adecuada contextualización y adaptación a las peculiaridades geográficas, socioculturales y económicas en las que han de ser aplicadas.
- Asunción de obligaciones éticas y sociales respecto de las personas, grupos y comunidades presentes en contextos de pluriculturalidad.
- Desarrollo de actitudes, aptitudes y comportamientos que garanticen un alto nivel de comunicación social, fomentando valores de solidaridad, cooperación y participación democrática.

En una sociedad sometida a tan notables y continuas mutaciones, las funciones del profesor se han diversificado en un complejo abanico de responsabilidades. Quizás por ello, un objetivo irrenunciable de cualquier programa de formación del profesorado sea hacerles tomar conciencia del papel que les corresponde como agentes del cambio, lo cual implicaría modificar sustancialmente la formación tradicional, que hace de los futuros docentes más eruditos que pedagogos. En este sentido, la formación inicial reclama una confluencia entre los saberes y los aprendizajes que proporcionan las instituciones universitarias y los aprendizajes y los saberes que se construyen en los centros escolares (Latorre, 2005).

Con estas premisas, pasamos ahora a ocuparnos de la formación universitaria de los docentes, aunque entendiendo que lo haremos de una forma sucinta, esbozando unas líneas generales.

La puesta en marcha del EEES (Espacio Europeo de Educación Superior) quiere suponer el desarrollo en los alumnos universitarios de dimensiones como las siguientes (García, 2008: 16-17):

- Dominio de conceptos y conocimientos básicos aplicables en su futura labor profesional.
- Tener una percepción compleja de los problemas a los que deberán enfrentarse en el futuro.
- Desarrollar el pensamiento científico para la solución de problemas.
- Tener habilidades para resolver problemas.
- Desarrollar la capacidad de trabajo colaborativo.
- Orientar el trabajo profesional de forma ética.
- Mejorar continuamente las competencias profesionales.

Todo ello porque uno de los grandes retos del proceso de Convergencia Europea es cambiar la visión desde las tradicionales posiciones pedagógicas basadas en modelos de transmisión de conocimientos, muy centrados en el profesor, hacia otro modelo en el que el alumno, futuro profesional, sea el protagonista en los procesos de enseñanza-aprendizaje. Por eso se pone especial énfasis en la adquisición de competencias que trasciendan el «mero paso de los alumnos por la universidad», es decir, que sirvan al alumno para su desarrollo profesional futuro y para la revisión permanente de sus competencias. En este sentido, no hemos de olvidar que una competencia no se adquiere de una vez y para siempre, sino que se va «actualizando» y redefiniendo a lo largo de toda la vida. No se trata, por tanto, de que el alumno sepa hacer muy bien las tareas universitarias, sino de interiorizar por qué y para qué debe hacerlas y el sentido que tendrán en su futuro profesional. Como tanto se ha repetido, se busca la combinación armónica entre el saber, el saber hacer, el saber ser y el saber estar.

Generalmente, se tiende a pensar que la universidad olvida cuál es su papel como agente de innovación social y como espacio público donde se construye democracia. Y es importante creer que no es así, que la universidad debe ser un foco de construcción de sociedades democráticas y solidarias, sobre todo cuando está inserta en sociedades donde la diversidad es la norma. Y, a este respecto, Lucio-Villegas (2002: 358-360) cree que la formación universitaria de futuros docentes debe tener tres ejes fundamentales:

1. Una *dimensión cognitiva*, que permita a los futuros profesionales de la educación tomar conciencia, comprender y analizar las diferencias, aceptar la pluralidad en las aulas.
2. Una *dimensión afectiva*, que les haga valorar a todos los alumnos y les de elementos para luchar contra todo tipo de exclusión.
3. Una *dimensión práctica*, que dote a los futuros profesionales de herramientas que les ayuden a construir una sociedad más justa y solidaria.

Las universidades deben hacer una nueva definición del trabajo inclusivo que tome como objeto de análisis el conjunto de «diversidades» existentes y sus consecuencias para la sociedad (Schmidtke, 2007: 79). Por ello, la universidad debe preparar a los futuros docentes para la reflexión teórica de conceptos como inclusión, escuela inclusiva, diversidad, etnicidad, cultura, identidad, multiculturalidad, interculturalidad..., pero también sobre las categorías que marcan las diferencias entre las personas, como clase social, género, desigualdad, etc. Ello implicaría que en los programas universitarios se vieran reflejados los siguientes conocimientos y experiencias (Schmidtke, 2007: 90-91):

- La propia visión del mundo, la propia interpretación de la realidad, influida por circunstancias y posibilidades de aprender e interpretar que están en función del contexto concreto de cada persona y de sus limitaciones espaciales y temporales, pero también implica que no tiene por qué haber una determinación absoluta.
- Cada grupo humano adoptó una manera de vivir y convivir en función de circunstancias y contextos determinados que debe-

mos conocer, pero no tiene por qué ser un indicador determinante para el futuro.

- Cuantas más personas aprendan a ver y aceptar que otras experiencias, conceptos de vida y formas de interactuar con los demás conforman la historia propia de cada uno, tanto más aumentará la comprensión de la multiculturalidad. Ello posibilita la comprensión y un diálogo crítico con las personas con las que se interactúa.
- Se consigue la competencia sobre interculturalidad y la educación intercultural, entre otras cosas, cuando se es capaz de reflexionar y llegar a soluciones para un problema desde varios puntos de vista y contextos culturales y, dado el caso, usarlas adecuadamente en situaciones nuevas.
- La competencia sobre interculturalidad incluye la conciencia de que también en el propio ambiente existe una indefinida variedad de respuestas a un problema según las diferentes experiencias de los actores, es decir, de los componentes de nuestro propio grupo cultural.
- Se debe entender la creatividad como la capacidad de las personas para elaborar conjuntamente, con todos los implicados en un proceso dado, nuevas formas de convivencia entre seres humanos diversos.

Es decir, en la formación de docentes es muy importante la erradicación de los estereotipos, prejuicios y conductas discriminatorias que pudieran tener algunos de esos futuros profesionales. Esta exigencia antecede a la adquisición de destrezas y competencias, o por mejor expresar, esta es la primera de las competencias que deben adquirir. Debemos recordar que, a pesar de las definiciones oficiales, creemos que la competencia engloba no solo las capacidades requeridas para el ejercicio de una actividad profesional, sino también un conjunto de comportamientos, facultades de análisis, toma de decisiones, transmisión de información, etc., imprescindibles para el pleno desempeño de la profesión.

La competencia tiene mucho que ver con el conjunto de comportamientos socioafectivos y habilidades cognoscitivas, psicológicas, sensoriales y motoras que permiten llevar a cabo adecuadamente una función, desempeñar un papel o realizar cualquier tarea (Levy-Leboyev, 2003; Benucci, 2003: 32-43). Por eso creemos que es más completa la definición de Lasnier (2001), ampliamente aceptada por la comunidad universitaria (Cruz, 2006: 5):

Una competencia es un saber hacer complejo resultado de la integración, movilización y adecuación de capacidades y habilidades (pueden ser de orden cognitivo, afectivo, psicomotor o social) y de conocimientos utilizados eficazmente en situaciones que tengan un carácter común (situaciones similares, no generalizables a cualquier situación).

5.5 Sobre la formación permanente en materia de interculturalidad

Para llegar a establecer estrategias y hacer consideraciones y propuestas de mejora de las actuales iniciativas de formación continua, es necesario partir, en primer lugar, de un marco teórico, legal y político que ayude a orientar y definir las acciones dirigidas a la capacitación de los profesionales implicados en la interculturalidad. A partir de ahí, creemos que la formación continua de docentes debe ser intencional, vinculada a la experiencia, al trabajo cotidiano y estar integrada en proyectos de acción social comunitaria, porque la educación intercultural debe traspasar los muros escolares. Y todo debe partir del análisis de la realidad y de las necesidades y demandas expresadas por los propios destinatarios de la formación porque, de lo contrario, repetiremos errores: diseñar acciones formativas inútiles e innecesarias. Ese análisis de la realidad debe ser lo más participativo posible si queremos que de verdad responda a los intereses y necesidades de los profesores. Además, es importante tener en cuenta que el análisis de la realidad no se agota en el momento en que termina, porque la realidad es lo suficientemente cambiante como para ir realizando ajustes permanentemente; es decir, constantemente estamos analizando la realidad y adaptando la formación a esa realidad cambiante. Por tanto, el análisis de la realidad supone un proceso previo que se inicia en el descubrimiento de los problemas y necesidades y termina con la definición concreta de las acciones formativas (Aranda y otros 1998: 28).

Una vez realizado el análisis de la realidad, debemos plantearnos los objetivos que pretendemos conseguir con la formación. Es importante formular los objetivos en los procesos de formación porque son los que nos guiarán en las acciones al responder a la pregunta: ¿para qué? Evidentemente, deben ser formulados a partir de la idea que tenemos de la formación, de las razones por las que la emprendemos y del análisis de la realidad que hicimos. A partir de ahí, debemos formular objetivos claros y fácilmente comprensibles, alcanzables y ajustados a las necesidades y carencias detectadas, así como a las posibilidades de realización; han de ser coherentes con el contexto de actuación, con la realidad cotidiana de los docentes y, desde luego, deben ser formulados con la mayor concreción posible, lo que no dará mayor facilidad a la hora de evaluar su cumplimiento.

La finalidad general es establecer un marco común respecto a la formación de docentes que les oriente en la toma de decisiones respecto a planes y estrategias de acción, identificación de necesidades, elección de objetivos, contenidos y metodologías coherentes con los principios de la educación intercultural.

En cuanto al contenido de las acciones formativas, este también dependerá del tipo de necesidad que se pretenda cubrir. Si lo que pretendemos es la ampliación de conocimientos, tendremos que programar contenidos que describan ámbitos, temas, causas, problemas, posibles soluciones, etc. Si queremos cambiar actitudes programaremos distintas posibilidades para eliminar prejuicios; si lo que intentamos es que los profesionales adquieran herramientas metodológicas, plantearemos contenidos referidos a técnicas y recursos... La cuestión no es saber qué contenidos movilizaremos en la formación de los profesionales, sino la significación que van a tener en su formación continua y la proyección que pueden tener en su labor profesional, además de tener muy en cuenta que debemos organizarlos en una estructura lógica que facilite la comparación y el análisis con los conceptos que ya tienen los profesionales; y, desde luego, sin olvidar su experiencia.

Referido a la metodología, en el título III de la LOE (2006), en su capítulo I, artículo 91, podemos leer las funciones del profesorado, funciones que terminan con una idea, que a nuestro juicio es primordial: «Los profesores realizarán las funciones expresadas en el apartado anterior bajo el principio de colaboración y trabajo en equipo». Los docentes deben ser competentes en el desarrollo de estrategias de trabajo colaborativo. ¿Por qué? Porque la meta del aprendizaje colaborativo es el desarrollo de personas reflexivas, autónomas y elocuentes (Barkley, Cross y Howell, 2007: 19). Las estrategias de trabajo colaborativo tratan de encontrar la estructura de relaciones que hacen comprensible el sentido de las representaciones sociales en el lenguaje de las personas que forman un colectivo. El profesional debe usar estos procedimientos para explorar situaciones sociales desde el punto de vista de la concepción cultural y simbólica que el alumno tiene de sí mismo. Lo fundamental, por tanto, es que trabaje con el análisis e interpretación de sus lenguajes, porque lo que busca es determinar la significación de los fenómenos sociales para comprender su sentido.

Por tanto, reflexionar conjuntamente, puede ser un buen remedio para conocer el trabajo, el estado de ánimo, los problemas y posibles soluciones de nuestros compañeros. Hablamos del conocido *sfondo integratore* de Andrea Canevaro (2007), en el que no se deja de lado el desarrollo emotivo ni cognitivo. Por ello, se propone el trabajo colaborativo como formación de futuros y actuales docentes para crear comunidades educativas inclusivas y ofrecer una educación de calidad para todos los alumnos y profesores. Además, el hecho de trabajar con otros compañeros, no solo elimina la sensación de aislamiento profesional, sino que también ayuda a reforzar la práctica. Y es que las intervenciones educativas requieren del trabajo profesional colectivo, porque enriquecen mutuamente a todos al ofrecer distintos enfoques en la solución de problemas. Este trabajo conjunto entre profesionales propicia la adquisición de nuevas habilidades y competencias, técnicas o estrategias para su trabajo, pero demandan encuentros enriquecedores, diálogos fructíferos que les proporcionen buenas herramientas de conocimiento y acción, basadas en la realidad, y que tengan en cuenta también sus motivaciones e inquietudes profesionales.

Analizar situaciones y plantear alternativas de solución en un mundo altamente complejo exige abordarlas desde distintas perspectivas, capacidades y disciplinas, y esto se puede conseguir con el trabajo colaborativo, con visiones compartidas que exigen desarrollar destrezas intelectuales y afectivas en las que las metas individuales se consigan siempre en el interior de las metas comunes.

5.6 Conclusiones

El trabajo colaborativo entre el profesorado es una oportunidad para trabajar en grupo de iguales, compartir las experiencias vividas en el aula, analizar las distintas y variadas problemáticas y buscar soluciones junto a los compañeros, a los demás profesores. Aquí ya se está marcando el camino que hay que seguir si queremos conseguir una institución educativa intercultural. Se parte de la base de que el profesorado tiene experiencia y conocimientos válidos para resolver de forma colectiva sus problemas, lo que también supondrá un apoyo indirecto para el trabajo de los alumnos en el aula.

Si además de lo anterior, tenemos en cuenta que nuestros docentes trabajan en centros donde lo normal es que se dé la pluriculturalidad, en contextos heterogéneos y diversos, y que en esos contextos hay diferentes profesionales, es ineludible que deban saber trabajar en grupo, trabajar en equipo, colaborativamente, formar un grupo cohesionado en torno a objetivos comunes y desarrollar habilidades sociales y comunicativas. El aprendizaje colaborativo es una buena herramienta didáctica para fomentar la educación intercultural entre nuestros docentes, pues, entre otros muchos beneficios, reconoce la diversidad, la heterogeneidad de un grupo como un valor educativo, facilita la formación de profesores de distintas especialidades y disciplinas a trabajar en objetivos comunes, y promueve la construcción de un conocimiento fruto de la reflexión individual y conjunta.

Para dar respuesta a estos propósitos, los docentes deben ser formados en estrategias de trabajo colaborativo, mejor si esa formación se hace desde el propio trabajo colaborativo. Sería incoherente querer formar a docentes en estrategias de trabajo colaborativo sin usar esas mismas estrategias en la propia formación de esos profesionales. En todo caso, se trataría de combinar diferentes métodos y técnicas de formación, que permitan abordar tanto el área de conocimientos como de actitudes y habilidades, a partir de la experiencia de los propios docentes.

Como la acción formativa va a ser diseñada en función de los docentes, la plantearemos de tal forma que capacitemos a esos profesionales en técnicas, instrumentos metodológicos, etc., pero también para que esa formación pueda servir para intercambiar experiencias (Aranda y otros 1998: 40-41). Todos hemos constatado que, cuando se organiza un curso de formación para profesionales en activo, en el apartado «Metodología», aparece la coletilla «activa y participativa», y a menudo no es más que una intención en el mejor de los casos, porque después el curso se desarrolla de tal forma que el experto habla, los demás escuchan y después de su alocución pregunta si se ha entendido o si alguien quiere decir algo. Normalmente, el silencio es la respuesta, y ahí se acaba lo activo y participativo del curso. Nosotros creemos que ser activo y participativo en un curso es tener la actitud de serlo, pero desde ambos lados, desde los que escuchan y desde el que habla. Es una manera de aprender, de escuchar, de enseñar y de construir conocimiento que despierta el interés de todos los implicados en el curso de formación, de mantener ese interés durante el desarrollo de la actividad formativa, de provocar el debate y el trabajo colaborativo.

Finalmente, la evaluación de la formación, que debe ser entendida como un proceso sistemático y explícito, cuyos objetivos son *recoger información* válida a efectos de describir y *emitir juicios de valor* sobre, en este caso, la formación realizada a los docentes; lo que quiere decir que debemos obtener datos interesantes sobre la formación realizada, pero también emitir juicios de valor fundados, por lo que cabría utilizar para llevarla a cabo procesos cualitativos que den oportunidad de expresión y conocimiento a los intereses, valores, percepciones..., y otros conocimientos subjetivos de las personas relacionadas con la formación que se evalúa. De este modo, la evaluación se convierte en pieza clave para la mejora, la información generada por la misma sirve para la toma de decisiones y el establecimiento de planes de mejora.

Para realizarla se puede desarrollar un tipo de estrategia como la entrevista semiestructurada para la obtención de información y la construcción de conocimiento procedente de los grupos o personas intervinientes en la formación. Esta entrevista se puede organizar en torno a los tópicos/dimensiones más propias de la formación: las metodologías, las finalidades, los recursos y medios, el perfil de los formadores... De la información recibida se elaboran categorías que nos permitan tener una visión comprensiva de lo que opinan los participantes.

Otro modo de evaluar, siendo consecuentes con lo expuesto, es utilizar estrategias cualitativas de dinámica grupal, como los grupos de discusión, u otras técnicas que ya hemos expuesto en otras publicaciones (Escarbajal Frutos, 2009 y 2010).

Respecto a quién o quiénes deben evaluar, es evidente que si hemos hecho protagonista al grupo de docentes en las demás fases del proceso formativo, también debemos hacerlo en la evaluación. Evaluamos todos, docentes formadores, destinatarios y responsables de la acción formativa.

Bibliografía

Ainscow, M. (2001). *Desarrollo de escuelas inclusivas. Ideas, propuestas y experiencias para mejorar las instituciones escolares.* Madrid: Narcea.

Aranda, P. y otros (1998). *Acciones formativas desde las asociaciones*. Madrid: Popular.

Arnaiz, P. (2003). *Educación inclusiva: una escuela para todos*. Málaga: Aljibe.

Arnaiz, P.; Martínez Abellán, R.; Escarbajal Frutos, A. (2010). *Educación inclusiva y formación del profesorado* (en prensa).

Arnaiz y otros (2010). «La perspectiva institucional como pieza clave en el cambio y la mejora de la educación». Documento policopiado presentado en el *Simposio CIOIE 11º Congreso Internacional Universitario de Organizaciones de Instituciones Educativas: Un sistema educativo más inclusivo: perspectivas locales e institucionales de cambio y mejora*. Cuenca.

Barkley, E.; Cross, P.; Howell, C. (2007). *Técnicas de aprendizaje colaborativo*. Madrid: Morata

Bartolomé, M. y otros (2000). *La construcción de la identidad en contextos multiculturales*. Madrid: Ministerio de Educación, Cultura y Deporte.

Benucci, A. (2003). «La competenza interculturale». En: P. Diadori (ed.), *Insegnare italiano a stranieri* (pp. 32-43). Florencia: Le Monnier.

Booth, T.; Ainscow, M. (2002). *The Index for Inclusion*. Bristol: Centre for Studies in Inclusive Education.

Canevaro, A. (2007). (ed.). *L'integrazione scolastica degli alunni con disabilità*. Erickson: Trento.

Caride, J. A. (2002). «La formación del profesorado en Educación Social y Pedagogía Social». En: J. Ortega (coord.), *Nuevos retos de la pedagogía social. La formación del profesorado* (pp. 115-130). Salamanca: SIPS.

Checa, J. C.; Arjona, A. (2006). «Inmigración y segregación residencial: Aproximación teórica y empírica para el caso almeriense». *Migraciones*, 20, pp. 143-171.

Cruz, M. A. de la (2006). «La planificación y la evaluación de competencias. Análisis de buenas prácticas». Murcia: ICE de la Universidad de Murcia, documento policopiado, pp. 1-19.

De Lucas, J. (2009). «Inmigración y diálogo intercultural. Hablemos de igualdad, de derechos y de ciudadanía». En: A. García (dir.). *El diálogo intercultural* (pp. 27-57). Murcia: Editum.

Domínguez, J. (2007). «Una escuela democrática para una sociedad democrática». En: J. Domínguez; R. Feito. *Finalidades de la educación en una sociedad democrática* (pp. 7-128). Barcelona: Octaedro.

Domínguez, J.; Feito, R. (2007). *Finalidades de la educación en una sociedad democrática*. Barcelona: Octaedro.

Escarbajal Frutos, A. (2009). *Educadores, trabajadores sociales e interculturalidad*. Madrid: Dykinson.

— (2010). *Interculturalidad, mediación y trabajo colaborativo.* Madrid: Narcea.

Escudero, J. M. (2009). «Comunidades docentes de aprendizaje, formación del profesorado y mejora de la educación». *Ágora*, 10, pp. 7-31.

— (2010). «La selección y la evaluación del profesorado». *Revista Interuniversitaria de Formación del Profesorado,* 68 (24,2), pp. 201-221.

Esteve, J. M. (2004). *La tercera revolución educativa.* Barcelona: Paidós.

Etxeberría, X. (2004). *Sociedades multiculturales.* Bilbao: Mensajero.

Ferreiro, R. (2007). *Nuevas alternativas de aprendizaje y enseñanza.* México: Trillas.

García, A. (2009). «Diálogo intercultural. Una introducción». En: A. García (dir.). *El diálogo intercultural* (pp. 17-25). Murcia: Editum.

García, M. P. (2008). *Guías docentes de asignaturas de grado en el EEES.* Murcia: Editum.

Giroux, H. (1997). *Los profesores como intelectuales. Hacia una pedagogía crítica del aprendizaje.* Barcelona: Paidós.

Godenzzi, J. C. (1999). «Pedagogía del encuentro. El sujeto, la convivencia y el conocimiento». *Boletín del Instituto Francés de Estudios Andinos,* 28, pp. 323-328.

Gundara, J. (2000). *Interculturalism, Education and Inclusión.* Londres: Chapman.

Lasnier, F. (2001). *Réussir la formation par compétences.* Montreal: Guérin.

Latorre, M.ª J. (2005). «La calidad formativa de las situaciones prácticas de enseñanza en las titulaciones de maestro». *Anuario de Pedagogía*, 7, pp. 223-250.

Lévy-Leboyer, C. (2003). *Gestión de las competencias.* Barcelona: Ediciones Gestión 2000.

López Torrijo, M. (2005). «La formación del profesorado de E.E. en el E.E.E.S». En: M. Deaño (ed.). *Inclusión social y educativa: el Espacio Europeo de Educación Superior, familia y diversidad, vida independiente* (pp. 61-82). Orense: AEDES.

Lucio-Villegas, E. (2002). «Investigación y formación en educación intercultural: la resolución de choques culturales por estudiantes universitarios». En: J. Ortega (coord.). *Nuevos retos de la pedagogía social. La formación del profesorado* (pp. 357-363). Salamanca: SIPS.

Moya, A.; García, M.ª P. (2006). «Guía INTER: Una propuesta práctica de formación del profesorado para la educación intercultural». En: P. Arnaiz (ed.). *Actas XXIII Jornadas Nacionales de Universidades y Educación Especial.* Murcia: Servicio de Publicaciones de la Universidad, pp. 34-53.

Popkewitz, T. S. (1987). *Formación del profesorado. Tradición. Teoría. Práctica.* Valencia: Universidad de Valencia.

Portera, A. (2006). *Globalizzazione e pedagogía interculturale*. Trento: Erickson.

Rault, C. (2004). «Los profesores noveles ante las necesidades especiales de los alumnos: bases para un modelo de formación del profesorado». *Anuario de Pedagogía*, 6, pp. 277-297.

Santos Guerra, M. A. (2010). «La formación del profesorado en las instituciones que aprenden». En: *Revista Interuniversitaria de Formación del Profesorado*, 68, 24, 2, pp. 175-200.

Schmidtke, H. P. (2007). «El fenómeno de la inmigración y la respuesta pedagógico-intercultural en Alemania. Hacia la pedagogía de la diversidad». En: J. L. Álvarez; L. Batanaz (coords.). *Educación intercultural e inmigración. De la teoría a la práctica* (pp. 77-92). Madrid: Narcea.

Schön, D. (1992). *El profesional reflexivo*. Barcelona: Paidós.

6. *Digiculturalidad.com.* Interculturalidad y TIC unidas en el desarrollo del enfoque competencial del currículum

Raquel Borrero López,
Rocío Yuste Tosina.
Universidad de Extremadura

6.1 Introducción

La sociedad del siglo XXI, desde su pluralismo, se pregunta si puede encontrar en la escuela el camino para construir una identidad colectiva. La educación intercultural puede tener la respuesta a cómo educar desde la diversidad para la promoción de sociedades cohesionadas con sentido de comunidad donde se den la cooperación y la inclusión.

Creemos que la escuela puede y debe asumir esta nueva demanda: educar a ciudadanos y ciudadanas que ayuden a hacer posible una sociedad intercultural. Como parte de esta tarea, el currículum intercultural ha de cumplir un papel fundamental: mediar entre la cultura escolar y la cultura experiencial de nuestro alumnado, a menudo sesgada por los modelos culturales dominantes. Es necesario que la educación trabaje para desarrollar la tolerancia, el entendimiento y el respeto entre los pueblos, grupos e individuos, ayudando a los jóvenes a desenvolverse en una sociedad de creciente complejidad donde la diversidad se hace cada vez más evidente. La educación intercultural ha de centrarse en la preparación de ciudadanos capaces de convivir en una sociedad democrática y diversa, garantizando la adquisición de competencias de las diferentes culturas que interaccionan.

Por *interculturalidad* debemos entender el proceso de aprendizaje y de enriquecimiento multilateral de las culturas en contacto, siendo un objetivo clave de la educación intercultural potenciar el conocimiento y mutua integración entre los individuos pertenecientes a colectivos diversos. Cómo conseguir este objetivo abre una puerta a las tecnologías de la información y la comunicación (en adelante TIC) como motor de desarrollo de la educación intercultural.

Desde una perspectiva interdisciplinar de acercamiento a la educación intercultural, así como pragmática, debe preparar a los estudiantes para poder adaptarse, vivir y trabajar en empresas y sociedades multiculturales, por lo que debemos encajarla dentro de los procesos de innovación educativa que pretendan adaptar la estructura del Sistema Educativo a las demandas de una sociedad dinámica y cambiante.

Abordando esta tarea se percibe una mayor densidad de recursos destinados al trabajo de *segundo orden* de los centros, es decir, la aportación de recursos didácticos, bibliográficos e informáticos, así como metodológicos para poder trabajar dentro del aula con los estudiantes que forman parte de grupos heterogéneos (organizativa, cultural, geográficamente, etcétera). Pero también se localizan referencias bibliográficas, programas y propuestas pedagógicas que pretenden generar cambios de primer orden, organizativos y estructurales, para el desarrollo de planteamientos integrales centrados en el trabajo de competencias interculturales en todas las instituciones educativas no solo para los alumnos, sino para toda la comunidad educativa; y no solo centradas en el plano cognitivo, sino en todas las dimensiones de la competencia intercultural.

La proliferación de fuentes para el trabajo de *multiculturalidad* e interculturalidad denota la relevancia del tema en este mundo global. En este sentido, cobran gran importancia las redes de generación y difusión de conocimiento promovidas por instituciones implicadas en el desarrollo de la educación en general, en torno a los diferentes *radios* de actuación (internacional, nacional, autonómico, local). En la implementación de estas fuentes de documentación, información y formación, debemos destacar el papel que ofrecen las TIC y, particularmente, la web 2.0, que propicia la participación de agentes sociales de naturaleza plural y heterogénea en la construcción de conocimiento y en la aportación de recursos a través de las herramientas de comunicación que ofrecen los espacios virtuales y, en definitiva, de las nuevas redes de comunicación social.

La *interculturalidad*, reconocida como valor social de carácter universal en combinación con las tecnologías de la información y la comunicación, que definen el periodo histórico actual (figura 7) proporcionan una buena fuente de conocimientos así como un amplio campo de trabajo. Pero el aporte que en este punto nos concita, es su potencial conjunto para el desarrollo del enfoque competencial que pretende desarrollarse en los centros educativos que se ocupan de las enseñanzas obligatorias en el sistema educativo actual.

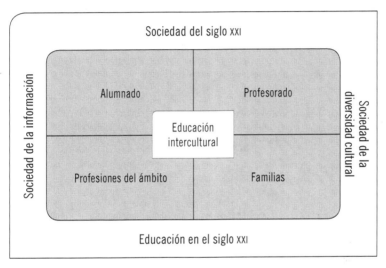

Figura 7. (Elaboración propia)

6.2 Elementos curriculares, interculturalidad y TIC

Si pensamos en la educación intercultural desde el punto de vista de las sociedades occidentales actuales, no pasa desapercibido que los avances en las TIC han configurado una nueva sociedad global y han diversificado y potenciado las posibilidades de cambio y transformación. El resultado de una escuela inclusiva ha de ser fruto de un proceso continuo y colectivo, a través de una cultura comunitaria y democrática. Para ello, se han de crear los espacios públicos oportunos y materiales didácticos adecuados. En referencia a estos dos puntos, las TIC tienen mucho que aportar, tratando de facilitar la comprensión del entorno para poder transformarlo. Sociedad y cultura han de entenderse como elementos plurales y dinámicos resultantes de la capacidad creadora y transformadora de la humanidad, representada y contextualizada en pequeñas unidades, que serían los centros educativos y, más concretamente, cada aula como espacio potencial de construcción y transformación social.

Lograr que los estudiantes, desde las primeras etapas educativas, se impliquen en la construcción de la sociedad de la que forman parte utilizando las herramientas que, en este caso, Internet y los materiales didácticos de lectura digital ponen al alcance de las escuelas, sin duda evitaría la reaparición de algunos de los problemas sociales caracterizados por la *violencia diferida* que se han derivado de un pluralismo mal entendido, como los brotes xenófobos surgidos en Europa a principios de este siglo o el falso mestizaje de Latinoamérica.

El desarrollo de competencias básicas convive con una serie de peculiaridades derivadas del propio origen epistemológico de la palabra *competencia* y de su vinculación con el aprendizaje estratégico. Compartimos con la mayoría de los trabajos publicados la posibilidad de clasificar las competencias en *competencias específicas*, vinculadas a un dominio disciplinar; y *competencias generales y transversales*, necesarias en cualquier ámbito de la vida personal o profesional del individuo (Montanero, 2009; Monereo, 2009).

Entendido desde este punto de vista, podemos y debemos encontrar en el desarrollo de competencias interculturales —en toda la comunidad educativa— apoyado en el potencial y características particulares de las TIC, un motor de cambio hacia la mejora que sería el escenario sobre el que poder transformar nuestras escuelas. Entendemos la interculturalidad y las TIC como instrumentos capaces de promover profundas reflexiones y transformaciones, en un necesario proceso de renovación pedagógica capaz de recolocar a la escuela en el lugar que le corresponde como parte de la sociedad actual.

Queremos incluir en este punto una breve reflexión acerca de las implicaciones que la transformación curricular, promovida desde la combinación de la educación intercultural y las TIC, propondría. Así, consideramos que el diseño de objetivos, competencias básicas y metodología, son los elementos curriculares que mejor pueden reflejar la integración de ambas.

6.2.1 Objetivos

Los objetivos de nuestra propuesta son:

- Incorporar la educación intercultural al desarrollo curricular en las etapas educativas de Infantil, Primaria y Secundaria desde una perspectiva multidisciplinar así como facilitar los procesos de innovación educativa en la práctica docente.
- Fomentar tanto en el profesorado como en el alumnado el desarrollo de actitudes y valores democráticos.
- Generar y estimular un proceso de aprendizaje apoyado en los principios constructivistas, en el trabajo colaborativo entre alumnos y el pensamiento crítico sobre la realidad social y cultural del mundo en que vivimos apoyados en herramientas de la web 2.0.
- Ofrecer un material didáctico multimedia destinado tanto a docentes como al alumnado con una amplia variedad de recursos que proporcionen un entorno de aprendizaje atractivo en su diseño gráfico, de fácil uso, interactivo, y que demande la búsqueda, análisis, selección y reflexión sobre la información.
- Responder a las necesidades educativas que se generan en las sociedades multiculturales y tecnológicas.
- Aportar mecanismos para favorecer la prevención y la resolución de conflictos acordes con el respeto a las diferencias.
- Potenciar actitudes positivas hacia la diversidad.
- Fomentar interés positivo hacia las personas de otro origen étnico, cultural, geográfico.

6.2.2 Competencias básicas

La Ley Orgánica de Educación de 3 de mayo de 2006[21] (en adelante, LOE) incorpora, por primera vez, a las enseñanzas mínimas las competencias básicas, «que permiten identificar aquellos aprendizajes que se consideran imprescindibles desde un planteamiento integrador y orientado a la aplicación de los saberes adquiridos» (art.6).

---

21. Ley Orgánica 2/2006, de 3 de mayo, de Educación (BOE núm. 106, 4 de mayo de 2006).

Los reales decretos que establecen las enseñanzas mínimas para la Educación Primaria y Secundaria,[22] determinan en su respectivo anexo I cuáles son las competencias básicas que el alumnado deberá adquirir y a cuyo logro deberán contribuir las enseñanzas básicas. La incorporación de las mismas al currículum permite poner el acento en aquellos aprendizajes que se consideran imprescindibles, desde un planteamiento integrador y orientado a la aplicación de los saberes adquiridos.

En este marco, seleccionamos las siguientes competencias curriculares generales como aquellas que combinarían, preferentemente, los valores interculturales y de la información y la comunicación:

- C.4. *Tratamiento de la información y competencia digital.* La componen las habilidades para buscar, obtener, procesar y comunicar la información y transformarla en conocimiento. Incluiría aspectos diferentes que van desde el acceso y selección de la información hasta el uso y transmisión de esta en distintos soportes, incluyendo la utilización de las tecnologías de la información y la comunicación como un elemento esencial para informarse y comunicarse

- C.5. *Social y ciudadana.* Entendida como aquella competencia que permite vivir en sociedad, comprender la realidad social del mundo en que se vive y ejercer la ciudadanía democrática. Incorporaría formas de comportamiento individual que capacitan a las personas para convivir en una sociedad cada vez más plural, relacionarse con los demás, cooperar, comprometerse y afrontar los conflictos. Adquirir esta competencia supone ser capaz de ponerse en el lugar del otro, aceptar las diferencias, ser tolerante y respetar los valores, las creencias, las culturas y la historia personal y colectiva de los otros.

- C.6. *Cultural y artística.* Entendida como aquella que implica apreciar, comprender y valorar críticamente diferentes manifestaciones culturales y artísticas, utilizarlas como fuente de disfrute

---

22. Real decreto 1513/2006 de 7 de diciembre, por el que se establecen las enseñanzas mínimas correspondientes a la Educación Primaria (BOE núm. 293, 8 de diciembre de 2006).

Real decreto 1631/2006 de 29 de diciembre, por el que se establecen las enseñanzas mínimas correspondientes a la Educación Secundaria Obligatoria (BOE núm. 5, 5 de enero de 2007).

y enriquecimiento personal y considerarlas como parte del patrimonio cultural de los pueblos.

6.2.3 Metodología y medios de enseñanza

En este punto, cabe destacar la importancia de trabajar la educación intercultural desde metodologías activas que contemplen todas las dimensiones de la persona (cognoscitiva, afectiva, conductual) y que partan de los principios del aprendizaje por descubrimiento.

En esta línea, las TIC posibilitan el acercamiento a nuevos entornos y a determinadas realidades sociales, así como el contacto instantáneo y permanente entre individuos, pueblos, culturas y grupos diferentes.

6.3 *Digiculturalidad.com.* Desarrollo de competencias interculturales

El fin principal de la educación intercultural es el desarrollo de la competencia intercultural como materialización de todos los conocimientos y saberes, procedimientos y quehaceres, actitudes y sentimientos, capacitadora de nuevas formas de interacción y convivencia en un marco social y escolar caracterizado por la diversidad cultural. Así, la adquisición de competencias interculturales, entendidas como conjunto de actitudes, valores y comportamientos de receptividad positiva hacia la diversidad, ha de ser desarrollada por todos los miembros de la comunidad educativa: profesorado, alumnado, familias (Leiva, 2008).

Partiendo de la clásica propuesta de Banks (1994, 1995) en torno a las posibilidades de transformar el currículum, los enfoques *transformativo* y de *acción social* son, a nuestro entender, los únicos que permiten preparar a los estudiantes para la toma de decisiones y la participación activa en la vida democrática. Fruto de un trabajo más actual, Essomba (2008) se refiere, en la misma línea, a la transformación del currículum a través de *compromiso* y *acción.*

Nuestro sistema educativo actual proporciona, a través de la *educación en valores*, el camino o la vía para hacer llegar a todos los ciudadanos y ciudadanas los principios que deben conducir las sociedades actuales. Partiendo de los valores culturales podemos entender la educación intercultural como un diálogo «en pie de igualdad» entre culturas (Delors, 1996).

Desde el punto de vista de las diferentes aportaciones culturales, la escuela ha de trabajar por mantener la identidad de los grupos étnicos y culturales, promover actitudes de respeto hacia las otras culturas, comprender las aportaciones y significados de las diferentes culturas y desarrollar actitudes y aptitudes de comunicación interpersonales e interculturales. Estos elementos forman parte del constructo de *cultura,* dinámico según el espacio y el tiempo, que, indiscutiblemente, asume un papel relevante en la construcción del concepto de competencia intercultural

Como Besalú (1999) nos adelantaba, no son precisamente los centros educativos que cuentan con alumnos extranjeros los que más necesitan desarrollar un currículum intercultural. El problema nuclear es, sin duda, la representatividad cultural del currículum común. El desarrollo de la competencia intercultural en el alumnado pasa por el desarrollo de la comprensión y el respeto de las diferencias y la diversidad, la pérdida de miedo hacia la *alteridad.* Partiendo de la propuesta de Aguado (2005), podríamos referirnos a algunos indicadores específicos de este desarrollo competencial en las etapas de Primaria y Secundaria:

- Tomar conciencia de la diversidad que caracteriza a personas y grupos.
- Analizar los valores personales con respecto al sexismo, el racismo, los prejuicios y la discriminación.
- Desarrollar e incorporar la comprensión de estereotipos y su impacto en la propia conducta.

En cualquier caso, las actividades propuestas para el desarrollo de los diferentes indicadores de la competencia intercultural deberían formar parte del currículum ordinario. Se trata de actividades que han de ir insertas en las áreas y temas habituales. No se trata de plantearlas como actividades específicas o especiales al margen de la programación desarrollada, sino de poner estas propuestas al servicio de la verdadera trasformación curricular, único modo de lograr un verdadero desarrollo de competencias en los estudiantes.

6.4 Desarrollo de competencias digitales

La incorporación de las TIC en los ámbitos educativos y cotidianos ofrece múltiples nuevas posibilidades de acceso a la información y gestión del conocimiento. Los canales de comunicación se multiplican, la tecnología no para de innovar y el tiempo dedicado al consumo de los media crece a un ritmo vertiginoso. Tal y como destaca Francisco (2010) lo importante no es adquirir información sino integrar la información en el saber, el saber en conocimiento y el conocimiento en cultura.

Desde hace algunos años, existe una preocupación social sobre el nivel de competencia que tenemos las personas en el uso de las TIC, que se ha visto reflejada en la literatura (Prado, 2001; Kellner, 2004; Camps, 2009; De Pablos, 2009; Monereo, 2009; Prendes, Castañeda y Gutiérrez, 2010) y ha traspasado los muros de la escuela.

La competencia denominada como *tratamiento de la información y la competencia digital* hace referencia a:

...habilidades para buscar, obtener, procesar y comunicar información, y para transformarla en conocimiento [...].

El tratamiento de la información y la competencia digital implican ser una persona autónoma, eficaz, responsable, crítica y reflexiva al seleccionar, tratar y utilizar la información y sus fuentes, así como las distintas herramientas tecnológicas; también tener una actitud crítica y reflexiva en la valoración de la información disponible contrastándola cuando es necesario, y respetar las normas de conducta acordadas socialmente para regular el uso de la información y sus fuentes en los distintos soportes.

(RD 1513/2006, p. 40360.)

Por lo tanto, esta competencia hace referencia a lo que ya Freire anunció en su tiempo cuando hablaba de la *alfabetización bancaria y problematizadora* exponiendo la necesidad de alfabetizar para formar ciudadanos autónomos, cultos y con capacidad crítica para transformar su realidad.

Destacamos en este sentido, la necesidad de *multialfabetizar* a nuestro alumnado para que sepa adaptarse a los diferentes cambios y necesidades de la sociedad de hoy. En este sentido, Area (2010) destaca las dimensiones o ámbitos de aprendizaje de la alfabetización tecnológica, que resumimos en el siguiente cuadro:

Tabla 3. Dimensiones de aprendizaje. Reelaboración a partir de Area (2010).

Dimensión	Saber	Descripción
Instrumental	Acceder a la información.	Adquirir las habilidades instrumentales para la búsqueda de información y uso de las tecnologías.
Cognitiva	Transformar la información en conocimiento.	Saber plantear problemas, analizar e interpretar con significado la información.
Socioco-municacional	Expresarse y comunicarse.	Disponer de las habilidades para crear documentos, difundirlos e interaccionar socialmente.
Axiológica	Usar democrática y éticamente la información.	Desarrollo de actitudes, valores y prácticas sociales éticas.

No queremos terminar este apartado sin exponer qué es lo que las TIC están aportando al mundo de la interculturalidad. En este sentido nos gustaría destacar cuatro características muy básicas, pero que servirán de soporte para el siguiente punto. Así, está claro que a través de las TIC podemos:

- Motivar.
- Promover aspectos culturales.
- Facilitar la comunicación.
- Favorecer la participación activa y colaborativa.

Estas características se han visto reforzadas con la llegada de la web 2.0, o lo que es lo mismo, a través de las características sociales y de colaboración que ha adquirido Internet. Como resalta De Haro (2010), las nuevas aplicaciones permiten la colaboración para elaborar y construir nuevos conocimiento que quedan al alcance de todos.

6.5 Desarrollo de competencias *digiculturales*

Partiendo del análisis conjunto de las implicaciones para el desarrollo de la competencia intercultural y digital por separado, recogemos a continuación las claves definitorias del concepto que venimos defendiendo como síntesis natural de los dos pilares en los que se asientan tanto sociedad como escuela del siglo XXI: la diversidad cultural y las características de la sociedad basada en la tecnología y las redes sociales.

Tabla 4. Digiculturalidad (elaboración propia)

Dimensiones de la *digiculturalidad*
Capacidades para desenvolverse en contextos multiculturales y multialfabetizados.
Conocimientos que permitan la profundización en la información y la comprensión de la realidad multicultural, necesarios para evitar el desarrollo de aprendizajes sesgados hacia modelos culturales mayoritarios y exclusivos, así como estereotipados y prejuiciosos.
Habilidades para manejar de manera crítica y selectiva las informaciones, cualitativa y cuantitativamente, que permitan traducir las mismas en un análisis profundo de la realidad y mejora de las posibilidades de participar y transformar la misma.
Destrezas relacionadas con el acceso al conocimiento, el desarrollo de interacciones para la construcción social y la comunicación intercultural efectiva en cualquier entorno, ya sea físico o virtual.
Actitudes de implicación, colaboración y compromiso desde la diferencia como valor positivo, para regular el uso de la información y sus fuentes en los distintos soportes.

6.6 Competencias sociocognitivas básicas en interculturalidad y TIC

Partimos de la descripción de competencias sociocognitivas básicas indispensables para desarrollarse en la sociedad del conocimiento propuestas por Monereo (2009) que adaptamos a las implicaciones que el constructo cultural genera en torno al desarrollo de la competencia intercultural y digital. Así, debemos acercarnos al conocimiento de toda cultura desde el análisis profundo de la triple dimensión conceptual que la define: la *cultura material* o dimensión tecnológica; la *cultura social* o dimensión interactiva; y, por último, la *cultura simbólica* o dimensión imaginaria. De este modo, nuestra propuesta de competencias sociocognitivas básicas para el desarrollo de ciudadanos en una sociedad intercultural y del conocimiento quedaría reflejada en el siguiente gráfico, que a continuación desarrollaremos.

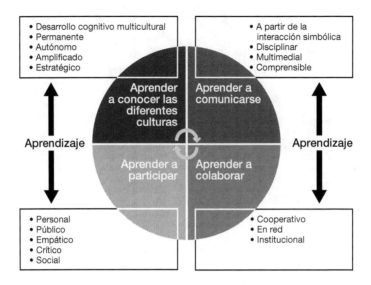

Figura 8. Adaptación de la propuesta de Monereo (2009).

Las categorías que reflejamos, desde el punto de vista del desarrollo de competencias sociocognitivas partiendo de un enfoque de enseñanza-aprendizaje socioconstructivo, puede aplicarse al desarrollo curricular de cualquiera de las etapas de las enseñanzas básicas.

6.6.1 Competencia para aprender a conocer las diferentes culturas desde la perspectiva tecnológica, cultural y simbólica

En esta categoría se integra la necesidad de generar procesos de aprendizaje permanentes, autónomos, amplificados y estratégicos (Monereo, 2009) desde el punto de vista del desarrollo cognitivo multidimensional de la cultura.

1. *Cultura material.* Entendiendo por tal los aspectos relacionados con la cultura material para supervivencia ante la naturaleza: mantenimiento sostenible; territorio y ocupación del espacio; vivienda e indumentaria; producción y economía; alimentación y consumo; salud y tratamiento de la enfermedad.
2. *Cultura social.* Entendiendo por tal los aspectos relacionados con la cultura y la sociedad: organizaciones básicas, división interna

del trabajo; relaciones de género y de generación en la familia y otras instancias superiores; relaciones de producción (división del trabajo, intercambios, reciprocidad y comercio); comunidad y niveles superiores (organización, autoridades, asambleas); política interna (toma de decisiones, conflictos y su resolución); política frente a otros grupos y a los poderes no propios y nacionales.

3. *Cultura simbólica.* Entendiendo por tal los aspectos relacionados con la cultura simbólica: lengua, mitos, cuentos, historia del propio grupo y relatos culturales; textos o lenguajes plásticos; expresiones artísticas: música, canto y danza, artes plásticas y visuales; religión (mitos y celebraciones, creencias, cosmovisión); ética y valores en dichos y refranes, usos y costumbres; formas de educación y transmisión de la cultura intergeneracional.

6.6.2 Competencia para aprender a comunicarse

Esta categoría refleja la importancia de generar procesos de aprendizaje que, adoptando la necesaria *interacción simbólica* entre los sujetos, como elemento propio del desarrollo de una competencia intercultural, tengan en cuenta también elementos propios del desarrollo en la sociedad de la información y el conocimiento (Monereo, 2009), garantizando el aprendizaje del *lenguaje específico de la disciplina*, la posibilidad de *utilizar de manera simultánea diferentes medios* para hacer efectiva la comunicación y *priorizar los aspectos semánticos*, sobre otros aspectos (ortografía, sintaxis) que habría que atender con otros fines, para garantizar el entendimiento mutuo. Partiendo de la importancia de las lenguas como herramienta de acceso a la cultura, debemos posibilitar en el alumnado elementos de comunicación que partan del acceso al lenguaje específico de cada disciplina, facilitando el conocimiento del vocabulario y fórmulas de construcción propias de la misma; capacitando al alumnado para ejercer como emisor y receptor de informaciones procedentes de diferentes medios y, en esta línea, preparándole para rentabilizar al máximo los recursos comunicativos de cualquier medio a su alcance, haciendo hincapié en el potencial interactivo de las TIC; y, por último, ayudando a generar procesos comunicativos capaces de obviar el factor étnico, especialmente presente en la dimensión simbólica de toda cultura, para acceder al verdadero significado y sentido de los mensajes.

6.6.3 Competencia para aprender a colaborar

Esta categoría refleja la importancia de generar procesos de aprendizaje *cooperativos, en red* e *institucionales* partiendo de elementos imprescindibles para el desarrollo de aprendizajes cooperativos, como el reparto de tareas y roles, el desarrollo de actitudes de compromiso y corresponsabilidad, la creación de rasgos de identidad del grupo y la búsqueda de objetivos compartidos y diferentes a aquellos que podrían ser logrados de manera individual; debemos conocer el potencial de determinadas herramientas TIC y, concretamente, de la web 2.0 para desarrollar este tipo de competencias. Blogs, wikis, espacios de comunicación presentes en diferentes entornos virtuales y las propias redes sociales se convierten en medios para generar verdaderos aprendizajes en red.

El desarrollo de aprendizajes colaborativos permite transformar las instituciones escolares en organizaciones que aprenden (Bolívar, 2000). Y, avanzando en esta línea, permiten construir verdaderas comunidades de aprendizaje, capaces de afrontar los retos de la sociedad actual desde la construcción de centros educativos interculturales, que asumen los retos de la sociedad actual, pero también la transforman.

6.6.4 Competencia para aprender a participar

Esta categoría refleja la importancia de generar procesos de aprendizaje partiendo de la construcción de una *identidad personal* para poder evolucionar hacia la *participación activa* en la sociedad, atendiendo a la necesidad de desarrollar interacciones *empáticas*, respetuosas y tolerantes con la diversidad, desde el punto de vista del desarrollo de pensamientos y aprendizajes *críticos*, esforzados en analizar la realidad en profundidad para promover cambios y mejoras. Los elementos anteriores, ya recogidos por Monereo (2009), se convierten en los necesarios pilares para el desarrollo de procesos de aprendizaje centrados en la *acción ética, social y cívica* (Banks, 1994, 1995; Essomba, 2008) que suponga, no solo el manejo de materiales interculturales y multimedia por parte del alumnado, sino su implicación real en proyectos sobre realidades sociales que puedan abordarse desde la escuela.

En este deseable estadio, las TIC proporcionan espacios útiles para la intervención, la participación, la construcción y la resolución de conflictos sociales: portales de organismos oficiales que trabajan por la educación y de instituciones académicas y de investigación; portales específicos de asociaciones de educación no formal y/o del tercer sector; centros de recursos y documentación; foros sociales; etc.

6.7 Propuesta de recursos y fuentes *digiculturales*

No queremos terminar sin aportar una muestra de los recursos que, en esta línea, podemos utilizar para el desarrollo de la competencia que hemos venido denominando *digiculturalidad*. Así, nos estamos refiriendo a materiales que tienen como finalidad desarrollar en los estudiantes los dos tipos de competencias de manera global, y no, como suele ser habitual, convirtiendo los medios digitales y de la información y comunicación en un contenedor de materiales centrados en la educación intercultural.

A continuación, incluimos nuestra propuesta, que genera cuatro categorías representativas de recursos *digiculturales*.

6.7.1 Web 2.0

Como ya hemos reflejado en otro lugar (Borrero, 2009), Internet pone al alcance del investigador, del docente y del alumno, un sinfín de recursos para investigar y trabajar en torno al desarrollo de la competencia intercultural. En este bloque queremos reflejar una propuesta que representa recursos propios de Internet, como blogs, marcadores sociales, wikis y webquests; incluimos un ejemplo representativo de cada uno de estos subtipos.

Tabla 5. (Elaboración propia)

Herramienta web 2.0	Nombre	Dirección de Internet
Blogs	*Mis primeras semanas en el aula de enlace*	http://misprimerassemanasenelauladeenlace.blogspot.com/
Marcadores sociales	*Mister Wong*	http://www.mister-wong.es/
Wikis	*Filotic*	http://www.rafaelrobles.com/wiki/index.php?title=P%C3%A1gina_Principal
Webquests	*Conocer para aceptar*	http://iesdepastoriza.edu.xunta.es/xente/ignaciomv/Webquest%20Conocer%20para%20aceptar%20%28inmigracion%29/

6.7.2 Materiales didácticos digitales

Hemos seleccionado dos materiales didácticos digitales o, en palabras de Díaz-Noci (2009), material de «lectura multimedia», que tratarían de potenciar el desarrollo conjunto de ambas competencias, aplicables para el trabajo de aula de las enseñanzas básicas.

Tabla 6. (Elaboración propia)

Título	A las puertas de Babylon	Maj Khetane
Autores	Area, M. y cols. Laboratorio de educación y nuevas tecnologías de la Universidad de la Laguna (EDULLAB)/Medios audiovisuales e integración escolar (Mavie).	Salinas, J. y cols. Comisión de educación del Programa de desarrollo del pueblo gitano.
Etapa educativa	Educación Secundaria y Bachillerato.	Primaria (adaptable a otras edades-etapas).
Soporte	CD-ROM/descargable	CD-ROM
Fecha de edición	2005	2003
Descripción	Material multimedia creado para poner en práctica en las aulas procesos formativos de adquisición de valores y actitudes, fomentando la comprensión, la tolerancia y el respeto hacia modos de vida y pensamiento diferentes, procedentes de diversas culturas y grupos étnicos del planeta. A la vez, se pretende desarrollar en el alumnado las capacidades de uso inteligente de las nuevas tecnologías.	Recurso didáctico dirigido a personas de todas las edades cuyo objetivo es dar a conocer la cultura gitana en los centros educativos. Es de fácil acceso y manejo simple. Aporta ventajas respecto al uso de otros medios alternativos: la práctica de nuevas técnicas de aprendizaje, la reducción del tiempo y del esfuerzo necesarios para aprender, y pone el énfasis en aprendizajes integrales y significativos.

6.7.3 Portales

Queda representada esta categoría a través de dos portales que, ya desde su título, reflejan la importancia del desarrollo de un uso inteligente de las TIC, en este caso para la incorporación de contenidos curriculares vinculados con la Interculturalidad.

Tabla 7. (Elaboración propia)

Título	CreadeTic	Intercultura –Net
Dirección de Internet	https://www.educacion.es/create/ IrASeccionFront.do?id=130	http://ntic.educacion.es/w3// interculturanet/recurss1.htm
Autores/ Institución	Centro de Recursos para la Atención a la Diversidad Cultural en Educación / Ministerio de Educación.	Consejería de Educación y Cultura de la Región de Murcia.
Etapa Educativa	Todas las etapas.	Todas las etapas.
Descripción	Banco de información y recursos que sistematiza información sobre recursos de audio, imagen, audiovisuales e interactivos, relacionados con la atención a la diversidad. Incluye una videoteca virtual, a través de la que se accede a un banco de vídeos en línea acompañados de una guía didáctica y un banco de imágenes fijas y en movimiento. El apartado «Quién es quién» recopila información sobre las instituciones que trabajan en el ámbito de la diversidad cultural y sobre sus recursos de formación, mediación y apoyo escolar.	Banco de información sobre: *Inmigración*: causas, condiciones, situación actual, conocimiento de otras culturas,... *Educación en valores*: solidaridad, paz... *Integración*: condiciones socioeconómicas y culturales... *Escolarización de inmigrantes*: propuestas organizativas, experiencias...

6.7.4 Videojuegos

Desde diferentes soportes, los videojuegos seleccionados permiten vincular las destrezas propias de este tipo de recursos TIC, con determinados bloques de contenidos multiculturales, aportando un enfoque más lúdico a los contenidos curriculares.

Tabla 8. (Elaboración propia)

Título	Ravalgames	Refugee	ICED – I Can End Deportation
Descripción	Chicos del barrio barcelonés crearon una plataforma que sirve como «herramienta de integración cultural y social, mediante sus propias experiencias cotidianas».	El juego describe las causas por las que un ser humano debe abandonar su país.	Enseña sobre las leyes de inmigración.

Título	Ravalgames	Refugee	ICED – I Can End Deportation
Destinatarios	Todos los públicos.	Todos los públicos.	Por la complejidad de los contenidos, se recomienda a partir de los 15 años.
Soporte	Internet. Software libre.	Teléfonos móviles.	Second Life.

6.8 Conclusiones

El trabajo desde un enfoque amplio y transversal, la progresiva transformación de los centros educativos en escuelas interculturales y globales (conectadas e interconectadas a través de redes sostenidas por las TIC) y la educación de los individuos en torno a valores que garanticen el desarrollo de ciudadanos competentes personal y socialmente han de estar presentes de manera central en el desarrollo de la vida de los centros, al tratarse de elementos que forman parte del desarrollo de competencias a las que nos hemos venido refiriendo como generales y, por tanto, necesarias para el desarrollo integral de cualquier persona.

La educación intercultural en la sociedad actual ha de proporcionar soluciones educativas a los problemas sociales derivados de la pluralidad cultural de las sociedades contemporáneas, relevantes para toda la sociedad si conseguimos entender la diversidad cultural no como elemento segregador y diferenciador, sino como elemento enriquecedor, integrador y articulador. Si a esto sumamos el potencial que las TIC nos ofrecen para acceder a la información y, por tanto, para acercar a los diferentes grupos en esta *aldea global* y para crear redes de trabajo colaborativo que facilitan la construcción y la transformación del conocimiento, educamos necesariamente a ciudadanos críticos, capaces de vivir y desarrollarse en sociedades democráticas y participativas, propias del siglo XXI.

Para terminar, nuestra propuesta se centra en defender aquellas capacidades que nosotras hemos definido bajo el concepto *digiculturalidad*, así como la multialfabetización, como una competencia que debería desarrollarse por medio del currículum de manera integrada. De este modo, evitaríamos uno de los principales peligros del enfoque competencial, que consistiría en simplificar el trabajo de desarrollo de competencias transformándolas en contenidos de aprendizaje. En este sentido, el riesgo recae especial y visiblemente en los frecuentes casos en los se trabaja la competencia digital e intercultural aisladamente, o desde un enfoque que las entiende solo como un lenguaje o un alfabeto.

Bibliografía

Area, M.; Rivero, V. (2010). «La producción de material educativo multimedia: Tres experiencias de colaboración entre expertos universitarios y colectivos docentes no universitarios». *Tendencias pedagógicas*, 16, pp. 65-88. Recuperado de <http://www.tendenciaspedagogicas.com/Articulos/2010_16_06.pdf>.

Area, M. (2010). «Enseñar la competencia digital e informacional» [diapositiva]. Peñaranda de Bracamonte, 27. Recuperado de <http://www.slideshare.net/citafgsr/manuel-area-cita2010?from=share_email_logout2>.

Area, M. y otros (2004). «A las puertas de Babylon. Experiencia de educación intercultural apoyada en el uso de las TIC». En: *Red digital: Revista de Tecnologías de la Información y Comunicación Educativas*, n.º 5. Consulta de 5 de enero de 2011. Recuperado de <http://reddigital.cnice.mecd.es/5/experiencias/babilon.html>.

Banks, J. A. (1994). *An introduction to multicultural education*. Boston: Ally and Baton.

Banks, J. A. y cols. (ed.) (1995). *Handbook of Research on Multicultural Education*. Nueva York: McMillan.

Besalú, X. (1999). «El currículum». En: M. A. Essomba. *Construir la escuela intercultural* (pp. 91-109). Barcelona: Graó.

Bolívar, A. (2000). *Los centros educativos como organizaciones que aprenden. Promesa y realidades*. Madrid: La Muralla.

Borrero, R. (2009). «Internet como fuente de investigación en Educación Intercultural». En: M. R. Berruezo; S. Conejero (coord.). *XV Coloquio de historia de la educación. El largo camino hacia una educación inclusiva*, vol. II, pp. 671-686. Pamplona: Universidad de Navarra.

Camps, V. (2009). «La educación en medios, más allá de la escuela». *Comunicar*, 32, pp. 139-145.

De Haro, R. (2010). *Redes Sociales para la educación*. Madrid: Anaya.

Delors, J. (1996). *La educación encierra un tesoro*. Informe de la Comisión Internacional sobre la Educación para el siglo XXI. Madrid: Santillana.

De Pablos, J. (2009). *Tecnología educativa*. Málaga: Aljibe.

Díaz-Noci, J. (2009). «Multimedia y modalidades de lectura: una aproximación al estado de la cuestión». *Comunicar*, 33, pp. 213-219.

Essomba, M. A. (2008). *10 ideas clave. La gestión de la diversidad cultural en la escuela*. Barcelona: Graó.

Francisco, A. (2010). «Construyendo ciudadanía participativa en la sociedad de la información». *Pixel Bit*, 37, pp. 135-146.

Kellner, D. (2004). «Revolución tecnológica, alfabetismos múltiples y la reestructuración de la educación». En: I. Snyder (comp.), *Alfabetismos digitales* (pp. 227-250). Málaga: Aljibe.

Leiva, J. (2008). «La educación intercultural en la Comunidad Autonómica de Andalucía: revisión y análisis pedagógico». *Revista de Ciencias de la Educación*, 216, pp. 491-504.

Monereo, C. (2009). «Internet, un espacio para desarrollar las competencias básicas». En: C. Monereo (coord.). *Internet y competencias básicas. Aprender a colaborar, a comunicarse, a participar, a aprender* (pp. 5-26). Barcelona: Graó.

Montanero, M. (2009). «Curso sobre competencias básicas. Alternativas al corta y pega» [diapositiva]. Badajoz: CPR de Badajoz, 16.

Prado, J. (2001). «La competencia comunicativa en el entorno tecnológico: desafío para la enseñanza». *Comunicar*, 17, pp. 21-50.

Prendes, M. P; Castañeda, L.; Gutiérrez, I. (2009). «Competencias para el uso de TIC de los futuros maestro». *Comunicar*, 35, pp. 175-182.

Índice

Prólogo 7

1. La situación de la convivencia escolar en España: análisis del estudio estatal sobre convivencia escolar en la Educación Secundaria Obligatoria 13

1.1 Introducción 13

1.2 Plan para la promoción y mejora de la convivencia escolar 16

    1.2.1 Actuaciones 17

1.3 Observatorio Estatal de la Convivencia Escolar y la Prevención de los Conflictos 18

    1.3.1 Funciones 19

    1.3.2 Composición 19

    1.3.3 Funcionamiento 20

    1.3.4 Publicaciones y estudios del Observatorio Estatal de la Convivencia Escolar. Contexto y procedimiento del estudio estatal 20

1.4 Otros observatorios autonómicos: el Observatorio de la Convivencia Escolar en Andalucía 34

1.5 Conclusiones 36

Bibliografía 37

Referencias web: 38

166 ■ Interculturalidad y escuela

2. Principios pedagógicos de la educación para la convivencia intercultural ... 41
  2.1 Introducción ... 41
  2.2 La interculturalidad: un reto social y educativo ... 42
  2.3 El profesorado ante la convivencia intercultural ... 44
  2.4 La escuela inclusiva como espacio privilegiado para la convivencia intercultural ... 48
  2.5 La construcción comunitaria de la interculturalidad ... 51
  2.6 La cultura de la diversidad como fundamento de la convivencia intercultural ... 57
  2.7 Conclusiones ... 60
  Bibliografía ... 64

3. La educación familiar ante los flujos migratorios: complejidad y gestión del cambio ... 67
  3.1 Introducción ... 67
  3.2 La familia, pieza clave en el proceso y el proyecto migratorio ... 69
  3.3 Transnacionalismo y migraciones: lazos familiares permanentes ... 72
  3.4 Cambios en las estructuras y dinámicas familiares ... 77
  3.5 Visualización de la mujer y cambios en la vida familiar ... 80
  3.6 La sociedad de acogida y la inmigración. Marco perceptivo ... 86
  3.7 Conclusiones ... 89
  Bibliografía ... 91

4. La resolución de conflictos en contextos multiculturales a través de la mediación ... 97
  4.1 Introducción ... 97
  4.2 Ciudadanía, interculturalidad y convivencia ... 98
  4.3 El concepto de mediación en el ámbito educativo ... 101
  4.4 Cómo promocionar la convivencia a través del conflicto ... 103
  4.5 La mediación intercultural ... 108
  4.6 Conclusiones o cómo planificar un proyecto de mediación intercultural escolar ... 115
    4.6.1 Contexto y objetivos ... 116
    4.6.2 Metodología de trabajo ... 117
    4.6.3 La evaluación ... 118
  Bibliografía ... 120

5. La formación del profesorado para una escuela intercultural ... 123
  5.1 Introducción ... 123

5.2 El contexto: la escuela intercultural 125
5.3 La formación del profesorado.................................... 128
5.4 Sobre la formación intercultural en el contexto universitario........ 131
5.5 Sobre la formación permanente en materia de interculturalidad 137
5.6 Conclusiones.. 139
Bibliografía 141

6. *Digiculturalidad.com.* **Interculturalidad y TIC unidas en el desarrollo del enfoque competencial del currículum**............... 145
6.1 Introducción 145
6.2 Elementos curriculares, interculturalidad y TIC 147
   6.2.1 Objetivos 149
   6.2.2 Competencias básicas 149
   6.2.3 Metodología y medios de enseñanza....................... 151
6.3 *Digiculturalidad.com.* Desarrollo de competencias interculturales... 151
6.4 Desarrollo de competencias digitales 153
6.5 Desarrollo de competencias *digiculturales*...................... 154
6.6 Competencias sociocognitivas básicas en interculturalidad y TIC ... 155
   6.6.1 Competencia para aprender a conocer las diferentes culturas desde la perspectiva tecnológica, cultural y simbólica....... 156
   6.6.2 Competencia para aprender a comunicarse................. 157
   6.6.3 Competencia para aprender a colaborar................... 158
   6.6.4 Competencia para aprender a participar 158
6.7 Propuesta de recursos y fuentes *digiculturales*.................. 159
   6.7.1 Web 2.0 159
   6.7.2 Materiales didácticos digitales 160
   6.7.3 Portales 160
   6.7.4 Videojuegos.. 161
6.8 Conclusiones... 162
Bibliografía 163